U0130190

社会契约论

[法国]让—雅克·卢梭 著

黄小彦 译

译林出版社

图书在版编目（CIP）数据

社会契约论 / （法）让－雅克·卢梭著；黄小彦译.
—南京：译林出版社，2023.9
ISBN 978-7-5447-9638-5

Ⅰ.①社… Ⅱ.①让… ②黄… Ⅲ.①政治哲学-法
国-近代 Ⅳ.①D095.654.1 ②B565.26

中国国家版本馆 CIP 数据核字（2023）第 061263 号

社会契约论 [法国] 让—雅克·卢梭／著 黄小彦／译

责任编辑 张海波
特约编辑 陈秋实
装帧设计 胡 苨
校　对 孙玉兰
责任印制 董 虎

出版发行 译林出版社
地　址 南京市湖南路 1 号 A 楼
邮　箱 yilin@yilin.com
网　址 www.yilin.com
市场热线 025-86633278
排　版 南京展望文化发展有限公司
印　刷 江苏凤凰新华印务集团有限公司
开　本 880 毫米 ×1230 毫米 1/32
印　张 6.25
版　次 2023 年 9 月第 1 版
印　次 2023 年 9 月第 1 次印刷
书　号 ISBN 978-7-5447-9638-5
定　价 65.00 元

平等的自由人联合体

一、《社会契约论》的核心问题和基本结构

卢梭大概是政治思想史上最富阐释空间，因而争论也最多的少数思想家之一。两百年来关于卢梭政治思想的研究向无定论，其论争之复杂性和长期性少有匹敌。其中，绝大部分的争论都集中在《社会契约论》这部著作上。

《社会契约论》其实是一个更大的写作计划的一部分，这个计划在卢梭准备从事的各种著作中，是"思索得最久，也最感兴趣"的。早在1743年，卢梭担任法国驻威尼斯大使的秘书时，就打算写这样一部著作，当时，他为这部著作草拟的名字是《政治制度论》。但是，直到1756年春，卢梭才真正着手这一计划。1761年，《新爱洛漪丝》出版后，卢梭意识到，要完成这一庞大的

---

* 谈火生，清华大学社会科学学院政治学系副教授，主要研究方向为政治思想史。
  联系邮箱：hstan@tsinghua.edu.cn。

计划将耗费许多时日，因此决定先完成其中力所能及的一部分，其余的则全部付之一炬。

事实上，《社会契约论》的一些基本思想自1753年即已在卢梭的其他作品中有所呈现。例如，在《论人类不平等的起源与基础》（第二论文，1754年）一书的献词中，我们不难发现《社会契约论》的一些核心观念即已萌芽；在《论政治经济》（1755年）一书中，《社会契约论》的核心思想——合法的国家必须根据普遍意志来进行管理，即已提出。可以说，卢梭对《社会契约论》主题的思考一直贯穿始终。如果说在第一论文（《论艺术与科学》）和第二论文中，卢梭主要思考的是文明社会中种种罪恶与不幸，并解释它们的起源；那么，从《论政治经济》开始，卢梭则致力于思考如何改变这种状况。《论政治经济》勾勒出了其思考的基本轮廓，《社会契约论》和《爱弥儿》则从两个不同的角度对之进行了展开。

值得注意的是，后面这两本书是同一年出版的，《社会契约论》的出版时间是1762年4月，比《爱弥儿》仅仅早了一个月。可以说，这两本书是同时着手进行的，因此，它们之间的关联度也是非常高的。读过《爱弥儿》的人会记得，在该书的第五卷中，曾花了十几页的篇幅将《社会契约论》的核心观念以浓缩的方式展现出来。从某种意义上讲，尽管《社会契约论》被认为是卢梭最重要的政治著作，但在卢梭自己看来，《爱弥儿》处理的才是更为根本的问题，《爱弥儿》也因此成为卢梭自认为最重要的作品。

按照第一论文和第二论文的分析，人本来是纯朴善良的，由于有缺陷的社会制度，生活于社会中的人才变坏，并堕入罪恶的深渊。由文明引发的问题必须通过新的政治组织形式来加以克服。《社会契约论》要做的工作是，通过建立一个健全的社会政治制度，帮助人们恢复自然良善（natural goodness）。那么，什么样的社会政治制度才是健全的呢？这就要追问一个核心问题：正义与合法的政治秩序及其基础是什么？《社会契约论》所有其他的问题均是从这里生发出来，并与之关联在一起的。尽管卢梭在《社会契约论》中也花了大量的篇幅来讨论建立和维系这样一个秩序所需的社会条件和文化条件，但是，真正充分地讨论这些条件中最重要的条件——公民，却是在《爱弥儿》中，《爱弥儿》背后的一个基本预设是：没有文化做支撑，制度是没有办法有效运行的。因此，最重要的任务是：通过教育，将"人"转变为"公民"，像爱弥儿一样的公民。唯其如此，普遍意志才有可能，正义而合法的政治秩序才有可能。夏克拉用《人与公民》来命名其研究卢梭社会政治思想的专著，真的是独具只眼！

明了《社会契约论》在其整个思想体系中的位置之后，我们再来看《社会契约论》本身。事实上，卢梭在书名的选择问题上一直游移不定，并数次改变主意。在其手稿，即《日内瓦手稿》中，我们发现，"社会契约论"这个名字曾被划掉，而代之以"论政治社会"（Of Civil Society），后来，又恢复了"社会契约论"这个名字。副标题开始是"论国家的体制"（Essay on the Constitution of the State），后来换成了"论政治体的构成"（Essay on the Formation of the Body Politic），随后又改成了"论共和国的形式"（Essay on the Form of the Republic）。也许，卢梭最初想写的是一部熔宪法、政治哲学和政治社会学于一炉的作品。但我们知道，卢梭最后给这部著作所确定的副标题是"政治法的原理"，或译"政治正当的原理"（Principes du Droit Politique）。这个标题意味着尽管《社会契约论》讨论的主题是政治制度，但其重点不是具体的制度安排，而是政治联合或政治共同体的基本组织原则。[1]

全书分为四卷，都是围绕政治法展开，[2]前面两卷主要讨论政治法的合法性基础和原则，后面两卷讨论政治法的展开和运用，即制度安排。具体言之：

第一卷讨论的是合法的政治秩序的基础。本卷的开头是

1　在此，我没有按照通常的译法将 Principes du Droit Politique 译为"政治权利的原理"，而是将其译为"政治法的原理"或"政治正当的原理"。其原因比较复杂，要说清楚恐怕要写一大篇考证文章。这里我只想简单地提出一点旁证：1.《社会契约论》的一个比较早的英译本确实就是将其译为"Principles of Political Law"，参见：*The Miscellaneous Works of Mr. J. J. Rousseau*, Vol. 5, London: Printed for T. Becket and P. A. De Hondt, 1767。2.《社会契约论》各卷均讨论"法"的问题，伏汉本的《社会契约论》给第二、三、四卷拟定的标题分别为"本卷讨论立法"、"本卷讨论政治法，即政府的形式"、"本卷于继续讨论政治法时，将阐明巩固国家体制的方法"。3.Droit Politique 做"政治法"解在卢梭生活的时代是非常普遍的。1851年，卢梭的同胞、瑞士宪法学家布拉玛奇（Jean Jacques Burlamaqui, 1696—1748）的著作 *Principes du droit politique* 以法文在日内瓦出版，第二年，该书即被译为英文出版，当时就是译为 *Principles of Politic Law*。值得注意的是，卢梭是熟悉此人著作的，在第二论文的序言中，卢梭曾明确地引用其著作。关于卢梭与布拉玛奇的关系，可以参考：Giorgio del Vecchio, Burlamaqui and Rousseau, *Journal of the History of Ideas*, vol. 3, no. 3, 1962, pp. 420—423。但是，这并不表明将其译为"Principles of Political Right"（科尔本、克兰斯顿本、剑桥本等权威译本均是采取这种译法）的通常译法是错误的，只是需要说明的是，此处的 right 不是做"权利"解，而是做"正义"、"正当"解。学界早有人指出，Droit（right）应做 upright、righteous、moral straight 来解。参见 Taylor, F. A., *A Note on Rousseau, Contrat Social*, Book 2, Chapter 3, Mind, New Series, Vol. 59, No. 233（Jan., 1950），pp. 82—84。而在卢梭的时代，"正义"、"正当"与"法"之间的内在关联是不言而喻的。也就是说，Droit 的两个义项"法"和"正当"之间是统一的。

2　需要指出的是，在卢梭的用法中，"政治法"相当于我们今天所谓的"宪法"，所以，卢梭也将其称为"根本法"。参见第二卷第十二章"法律的分类"。

"破"，卢梭首先要批驳那些在他看来是错误的各种关于国家的合法权威的理论——自然论和强力论。然后，卢梭提出自己关于政治联合的契约理论，提出了政治正当理论必须回答的一个问题：如何将个体的自由和政治权威结合起来？在第一卷的第六章中，卢梭指出："'找到一种结合形式，凭借它可以运用所有共同的力量来捍卫和保护每个结合者的人身和财产，这种形式使得每个结合者虽然与所有人结合在一起，但是只服从自己，并且一如既往地自由。'这就是社会契约所要解决的根本性问题。"

第二卷讨论的主题是法律和立法。在这一卷中，卢梭考察了主权人民的性质，提出了其政治思想中最核心的概念——普遍意志的概念，建立了其合法性理论，并从中引申出国家创制和立法者的问题。

在第三卷中，卢梭讨论了普遍意志运用于特定情形即政府的机制。首先是正确处理主权者和政府之间的关系，指出政府的创制绝不是一项契约，因为政府仅仅只是主权人民的代理，"行政权力的受任者绝不是人民的主人，而只是人民的官吏；只要人民愿意就可以委任他们，也可以撤换他们。对于这些官吏来说，绝不是什么订约的问题，而只是服从的问题"。然后，卢梭又考察了主权者和政府之间的关系为何以及如何走上歧途，并提出防范主权权威衰落和政府篡权的办法。

由此，卢梭引出第四卷，这一卷以对罗马的政治制度的描述为核心内容，以此来探讨政治共同体的凝聚力问题，最后以公民宗教结束全书。

二、如何阅读《社会契约论》

作为导读，我不想将其写成卢梭政治思想的全面阐释。对于卢梭这样复杂的思想家而言，要想以如此短的篇幅做到准确而全面的阐释几乎是一件不可能完成的任务，也是一种吃力不讨好的做法，读者完全可以在各种政治思想史的教材中找到更为合适的阅读材料。

我想导读的一个重要任务是引导读者如何去读。回到我们开头的问题，人们对卢梭的思想争议如此之大，那么，读者在阅读卢梭时应该注意哪些问题，才能尽量地贴近卢梭，才能最大可能地走近卢梭呢？我想就此问题谈一点自己的体会。

1. 研读思想史的文献经常会碰到的一个问题是，同样一个词汇在不同的思想家那里含义差别非常之大，这一点在卢梭身上表现得尤为明显，这是我们在阅读卢梭的《社会契约论》时需要特别小心的一点。早有论者认为，卢梭使用的核心概念均非他自己的发明，都是借用当时流行的概念，但其用法却大相径庭，同样的词，谈论的却是完全不同的问题。[1]因此，对于卢梭，我们必须小心翼翼，对其所使用的概念必须进行仔细的辨析。

《社会契约论》的核心概念"普遍意志"（general will）就是

1　鲍桑葵:《关于国家的哲学理论》，汪淑均译，商务印书馆，1995年，第122—124页；Riley, Patrick, *The General Will before Rousseau: The Transformation of the Divine into the Civic*, Princeton University Press, 1986。

典型。正如夏克拉在为《观念史辞典》撰写的"普遍意志"的词条中曾正确地提出：卢梭没有发明普遍意志这一概念，但却是卢梭使这一概念进入了历史。[1] 著名的卢梭专家帕特里克·赖利 1986 年出版了《卢梭之前的"普遍意志"概念》一书，对普遍意志概念的演变进行了最为细致的考察。据赖利的研究，普遍意志概念经过了从神学观念到政治观念的转型。这一转型发生在法国的道德政治思想中，其起始时间可以以帕斯卡（第一位论述普遍意志概念的伟大思想家）之死的 1662 年为标志，其结束则可以以卢梭发表《社会契约论》的 1762 年为标志。如果说普遍意志概念的创世记在上帝那里，那么作为政治概念的普遍意志的创世记则无疑属于卢梭。[2]

尽管在政治思想史上，孟德斯鸠、莱布尼茨和狄德罗等人都使用过"普遍意志"这一概念，但卢梭的用法和他们有很大的差别。以与卢梭同时代的狄德罗为例，普遍意志概念继承了它作为宗教观念时的特点：普遍而纯粹，只不过它不再是上帝的意志，而是理性的体现。狄德罗的普遍意志是一种普遍主义（universalism）的普遍意志概念，它是建立在其启蒙理性的信念基础上，是任何一个有理性的人基于理性的思考所应有的一种意志；而卢梭的普遍意志则是特殊的（paticular），它属于某个特定的共同体。卢梭曾以罗马、斯巴达和日内瓦为例，坚持民族特殊性的重要性，强调民族性不应消融于世界主义的普遍主义

1 Shklar, Judith N., General Will, in *Dictionary of the History of Ideas*, ed. Philip P. Wiener, New York: Charles Scribner's Sons, 1973, Vol. 2, p. 275.

2 Riley, Patrick, 1986, preface, pp. 4—8 .

（cosmopolitan universalism）之中。[1]

如果不了解卢梭对普遍意志概念的特定理解，我们可能就没有办法很好地理解《社会契约论》中的很多段落。由于普遍意志是属于特定共同体的，所以，对于特定群体的成员而言，它们是一种普遍意志，但对于更大的社会而言，它们又是特殊意志。对于群体自身而言，它们是正确的，但对于更大的社会而言，它们又是错误的。因此，卢梭在第三卷第二章中警告道，政府一旦建立，它就会形成自己的普遍意志（a general will），但是，这种普遍意志相对于主权者来说，只能说是一种特殊意志（particular will）。因此，政府总是会趋向于削弱主权者。为了防止政府的蜕化及其对政治共同体所造成的威胁，卢梭认为主权者应该对政府进行监督和控制，这才是治本之策。同样也是由于普遍意志是属于特定共同体的，因此，它是只有通过伟大的立法者提供的公民教育而培养出来的特定共和国的公民才能了知的。如果没有立法者和公民宗教，从"人"到"公民"的转变是不可能完成的，"普遍意志"之流行也是不可能的。这就是卢梭为什么要花那么大的篇幅来论述立法者和公民宗教的原因（第三卷第七至第十章，第四卷第八章）。同样也是由于普遍意志是属于特定共同体的，因此，卢梭在论述"法律的分类"时才会说：一个民族的风尚、习俗"是一切之中最重要的一种"，它才是一个国家真正的宪法，是普遍意志得以形成的真正基础（第二卷第十二章）。

2. 如果说卢梭的"普遍意志"概念是借用现成的术语但赋予

1　关于这一问题更详细的论证可以参考：Barnard, F. M., *Self-Direction and Political Legitimacy: Rousseau and Herder*, Oxford: Clarendon Press, 1988。

其非常不同的含义的话，那么，其"选举式的贵族制"概念则是因为找不到合适的概念，生造了一个我们今人容易误解的概念。我们在阅读时需要对这些概念进行仔细的辨析方能避免误解。

在第三卷论述政府形式时，一直被今人视为民主旗手的卢梭对民主制并不感冒，相反，他认为选举式贵族制这种严格意义上的贵族制是所有政府形式中"最好的而又最自然的秩序"。而且，被我们今天视为民主之源头和典范的雅典在卢梭的著作中几乎是隐匿不见的，而与之相对的斯巴达倒是卢梭一直欣羡不已的目标。这让我们感到非常困惑，但是，如果我们知道卢梭所谓的民主制其实是指我们今天所说的直接民主制、选举式贵族制其实就是代议民主制的话[1]，这种困惑可以在很大程度上得到化解。所谓经选举产生的贵族其实是卢梭心目中将知识、智慧和美德集于一身的"理想公民"的化身。问题是，卢梭为什么不用"代议民主制"，而要用"选举式贵族制"这个容易让今人产生误解的词汇呢？原因在于当时"代议民主制"这个词还没有被发明出来。据考证，最早使用"代议制民主"（representative democracy）一词的是《联邦党人文集》的作者亚历山大·汉密尔顿，1777年5月19日，他在一封信中首次使用该词。在此之前，古典的民主与代议制基本没有什么关系。即使在近代早期出现了等级代表，但它与民主也没有什么关系。因此，毫不奇怪，在18世纪和19世纪，很多理论家都觉得很难将我们今天称之为"代议制民主"的这

1　Masters, R. D., *The Political Philosophy of Rousseau*. Princeton: Princeton University Press, 1968, p. 402.

种政治构想归入当时已有的政治范畴之中。[1] 十年后，"代议制政府"（representative government）一词就出现在美国的政治词汇之中，并影响到法国的政治思考，如法国大革命时期的重要理论家西耶士就采用了这一词汇，并就该词汇的具体含义与潘恩展开过讨论。[2] 了解了这一背景，我们就可以明白，要卢梭在1762年就提出"代议制政府"的观念多少有些苛刻。

其实，卢梭自己对这一困境是非常清楚的，他曾在一个注脚中无奈地提醒道："细心的读者们，请不要急于指责我在这里自相矛盾。由于语言的贫乏，我没能避免用词上的矛盾，请耐心期待下文。"

明白了这一点，再加上卢梭对"主权者政府"这两个层次的划分，我们才能明了卢梭其实分别在这两个层次上展开对民主问题的思考。在主权者层次上，卢梭的确主张直接民主制，强调公民要积极参与，强调主权不能被代表；在政府层次上，卢梭则反对直接民主制，而主张代议民主制，强调知识、经验和智慧在决策中的作用。

3. 卢梭本人的论述本身确实存在着一定的模糊性。有人甚至指责卢梭的文风零乱、含混、自相矛盾，他的文章可以说是一个充盈着各种可能性的迷宫。[3] 因此，我们需要将其不同地方的

1　Ankersmit, Frank R., Representative Democracy: Rosanvallon on the French Experience, in Kari Palonen, Tuija Pulkkinen and José María Rosales, ed., *The Ashgate Research Companion to the Politics of Democratization in Europe: Concepts and Histories*, Ashgate Publishing Limited, 2008, pp. 17—36.

2　*The Federalist*, ed. Terence Ball, Cambridge University Press, 2003, p. 309. 更详细的考证可以参考: Manin, Bernard, *The Principles of Representative Government*, Cambridge University Press, 1997。

3　Jones, W. T., *Masters of Political Thought. Volume Two: Machiavelli to Bentham*. Boston: Houghton Mifflin Company, 1968, p. 253.

论述结合起来，并仔细分析，厘清其中不同的层次，方有可能避免落入理解的陷阱。从贡斯当到塔尔蒙一脉关于卢梭是极权主义者的指责即属此类。[1]尽管我们可以为卢梭进行辩护，但是，无法否认的是，在卢梭的论述中，的确有很多地方让人联想到极权主义，如"强迫自由"的说法、立法者的父权论色彩、公民宗教的神道设教意味等。即使是对卢梭抱持同情的沃恩也不得不承认，在卢梭的思想中，个体迷失在集体之中，其价值完全取决于集体，这是卢梭招致后人批评的重要原因。[2]对于卢梭这样复杂的思想家，如果不抱着同情之理解的态度，小心耙梳，极有可能陷入迷宫之中，做出简单化的理解。

4.卢梭本人的思想和后人赋予他的形象之间可能存在较大差距，千万不可先入为主，还是要以文本为依据，抽丝剥茧，慢慢拂去积攒在卢梭身上厚厚的灰尘，方有可能一睹真容。在这方面，卢梭的革命者形象最为典型。卢梭常常被视为革命者的原型，他不仅是法国大革命之父，而且是19世纪和20世纪世界上诸多革命的精神之父。[3]但是，如果我们对卢梭的思想和历史有所了解的话，我们可能更倾向于认为，与其说卢梭引发了革命，还不如说是革命创造了卢梭，至少是创造了卢梭作为政治哲学家的名声。尽管在法国大革命之前，人们也崇拜卢梭，但那时的

1　J. F. 塔尔蒙：《极权主义民主的起源》，孙传钊译，吉林人民出版社，2004年；对塔尔蒙观点的反驳，可以参考：Kateb, George, Aspects of Rousseau's Political Thought, *Political Science Quarterly*, Vol. 76, No. 4 (Dec., 1961), pp. 519—543。

2　Vaughan, C. E., ed., *Political Writings of Jean-Jacques Rousseau,* Vol. 1, Oxford: Blackwell, 1962, p. 121.

3　Lauritsen, Holger Ross and Mikkel Thorup, eds., *Rousseau and Revolution*, Continuum International Publishing Group, 2011, p. 18.

崇拜主要是因为他是《新爱洛漪丝》和《爱弥儿》的作者，只有很少的人知道他还写过政治著作。随着1789年法国大革命的到来，人们对卢梭的崇拜有增无减，但所崇拜的卢梭形象发生了巨大的变化，卢梭不再是作为文学家受到人们的顶礼膜拜，而是作为政治思想家，作为《社会契约论》的作者。自1775年以后到法国大革命爆发，《社会契约论》一直没有重印过，即使是在激情澎湃的1788年和1799年都没有。直到1790年，对作为政治思想家的卢梭的崇拜突然爆发了，这一年，有四个版本的《社会契约论》同时出版，1791年，又有三个版本的《社会契约论》出版。卢梭一夜之间成了法国大革命的精神导师，对卢梭的政治崇拜成为一种大众现象，成千上万的人举行游行，向卢梭表达敬意。但是，不幸的是，这些成千上万向卢梭表达敬意的人甚至不知道卢梭是谁，更不用说读过（且不说认真读过）卢梭的著作。[1]事实上，卢梭对革命一直心存疑虑，尽管卢梭的政治理想是激进的，但是，其实现政治理想的手段却是温和的，他更倾向于教育，而不是革命。在卢梭看来，我们无法保证革命一定能建立一个更为合法的权威，它很可能只是用一个压迫者代替了另一个压迫者，而不是建立起法治和政治自由。和马基雅维利不同，卢梭并不赞成将暴力作为变革的手段。革命只是实现政治变迁的手段之一，它既不是必需的，也不总是正确的。因此，对之必须慎之又慎。于是，我们看到，在《论波兰政府》中，卢梭的改革建议是非常温和的。和孟德斯鸠一样，卢梭认为政治变革

---

[1] McNeil, Gordon H., *The Cult of Rousseau and the French Revolution, Journal of the History of Ideas*, Vol. 6, No. 2 (Apr., 1945), pp. 197—212.

必须与一个民族的风俗习惯相应,因此,真正重要的问题是民族的风俗习惯,而这必须通过教育来实现。

如果我们认为革命者真的是误解了卢梭,那么,我们也需要追问,为什么是卢梭被革命者所选中?换句话说,卢梭的政治哲学和观念中是否蕴含着某些成分,使之适于被误读或误用?如前所述,卢梭的思想本身确实有一定的模糊性,这使得它非常适于从不同,甚至相反的角度加以解释,这种情况在革命运动中是常常发生的。有人曾以丹麦为例,通过历史的考察,观察卢梭思想在1750年至1850年间在丹麦是如何被接受并阐释的。他发现,是革命本身让人们在阅读卢梭时蒙上了一层革命的色彩。[1]类似的现象在近代中国也发生过。

卢梭的《社会契约论》很早就传入了中国,在19世纪末20世纪初,《社会契约论》就被译介给国人,一时形成了人人争读卢梭、竞说民权的局面。迄今为止,《社会契约论》至少有十几个中译本,多为近年新译。2006年,《环球时报》联合中国社会科学院公布了一个"对中国近现代发展影响最大的50名外国人"名单,其中,卢梭排在第一位,甚至超过了马克思。不管这一结果到底在多大程度上反映了真实的状况,它都提醒我们,应该好好读读卢梭,不纯粹是为了理解西方,也是为了理解我们自己,因为近两百年来,西方已经深深地嵌入了中国之中,并深刻地改变了中国的历史进程,乃至我们的生活方式和思维方式。

伯纳迪在法文版《社会契约论》导读中曾谈到卢梭研究的

---

1 Lauritsen, Holger Ross and Mikkel Thorup, eds., *Rousseau and Revolution*, Continuum International Publishing Group, 2011, pp. 114—129.

现状:"《社会契约论》成了一个象征。长期以来,它代表了人民专制对旧有制度的替代,犹如一面旗帜,象征主权和自由,在空中招展飘摇。……《社会契约论》和卢梭一起进了法国的先贤祠。它很快成了一座丰碑:人们观赏、羞辱或推崇它,但很少对它提问。"[1]这种状况在中国表现尤甚,著述不少,有深度的解读却不多见。唯愿这个新的译本能在推动《社会契约论》的研究方面略尽绵薄之力!

---

[1] 伯纳迪:《卢梭的社会契约论》,吴雅凌译,载于《经典与解释:卢梭的苏格拉底主义》,华夏出版社,2005年,第24页。

目　录

告读者

　　这篇简短的论文节选自一部内容十分宽泛的作品，是我以前不自量力撰写的，已经弃置一边很久了。从这部作品已经写就的部分中可以摘取多篇小论文，其中以本篇最为重要。这也是我自认为可以公之于众且最不至于丢脸的一篇。其余的都已经不复存在了。

第一卷

我试图在社会秩序中寻找，看是否存在某种合法而可靠的行政规则，遵循人之本性和法之能然；此外我将试图在这种探索中始终将权力许可和利益要求相结合，以求公正与功利两者之间密不可分。

我将直接进入主题，而不再证明其重要性。有人会问我是不是君主或立法者，何以谈论政治？我的回答是否定的，而且正因为此，我才要写关于政治的论文。如果我是君主或立法者，那么我就不会浪费时间来说本应该做的事情，我将付诸行动，或者保持沉默。

身为一个自由国家[1]的公民和主权国家的成员，尽管我的观点在公共事务上影响甚微，但我在这方面所拥有的投票权足以赋予我知情的权利。幸运的是，每当我思考政府问题的时候，我总能在探索之中找到喜爱我的祖国之政府的新理由！

---

1 这里指日内瓦共和国，卢梭心中热爱的祖国。——译注（本书正文脚注若无特别说明，均为译注）

第一章　本卷主题

人生来自由，却无处不身同奴隶。自认为是他人主人的人，必然比他人更受奴役。这种改变是如何形成的？我不知道。是什么令这种改变合法化？我认为自己能够回答这个问题。

如果仅仅考虑武力及其产生的效果，那么我会说：当一国人民被迫服从并且服从的时候，挺好；一旦他能够摆脱桎梏并且这么做了，那就更好；因为通过剥夺他的自由的权利来恢复其自由，说明他重获自由是合法的，或者说，剥夺他自由的行为是不合法的。社会秩序是一种神圣的权利，它是所有其他权利的基础。但是，这种权利绝非源于自然，而是建立在契约的基础之上。问题在于了解这些契约。在谈论这些契约之前，我应当先证明我刚刚提出的论点。

第二章　论原初社会

最为古老并且唯一自然的社会是家庭社会。孩子仅在需要父亲维持他们的生存之时才受其束缚。一旦这种需要不复存在，自然的纽带便随之消除。孩子从而免除了他们对于父亲应有的服从，父亲也免除了对于孩子应有的照顾，两者都回到独立的状态。假如他们继续保持结合的状态，那么就不再是出于自然，而是出于意愿，从而家庭本身就只能通过契约来维系了。

这种共同的自由是人类天性造成的结果。人类的第一法则是关注自身的存续，他首要的关心是对自己的关心，一旦到达懂事的年龄，可以判断用于自我存续的方法，他便从此成为自己唯一的主人。

因此，家庭可以说是政治社会的原型，首领是父亲的形象，而人民则是孩子的写照。他们全都生来平等且自由，只为功利而转让自由。唯一的差别在于，在家庭中，父亲对孩子的爱促使他对孩子付出照顾，而在国家中，统治的乐趣替代了首领所不具备的这种对于人民的爱。

格劳秀斯[1]否认任何人类的权力都是为被统治者的利益而设立的，他以奴隶制为例。格劳秀斯最常用的推理方式是始终通过事实来确定权利。[2]我们可以采用一种更加符合逻辑，但是并非更加有利于专制君主的方法。

格劳秀斯认为，人类属于百来个人或是这百来个人属于人类的观点是值得怀疑的。然而他在整本书中似乎都倾向于第一种观点，这也是霍布斯[3]的看法。人类因此被分成一群群的牲畜，每群都有它的首领，而首领看护它们的目的在于吞食它们。

由于牧羊人的种属高于羊群，人类的牧羊人作为他们的首脑，其种属同样也高于他们的人民。据斐洛[4]所述，卡利古拉[5]国王正是如此推理的，他从这种相似性中得出结论：国王是神灵，抑或他们的人民是牲畜。

卡利古拉的推理在霍布斯和格劳秀斯的推理中得以重现。在他们三人之前，亚里士多德也曾说人类根本不是天生平等，而

1　格劳秀斯（Hugo Grotius，1583—1645），荷兰法学家、神学家，国际法创始人，开创了古典自然法的先河，被誉为"国际法之父"和"自然法之父"。代表作为《战争与和平法》（1625）。

2　"对于公权的学术研究通常仅仅是古人滥用权力的历史，而我们对此费力地过度研究是一种不恰当的固执。"（见阿尔让松侯爵，《论法国与其邻国的利益》，雷伊出版，阿姆斯特丹。）这正是格劳秀斯所做的。阿尔让松侯爵（marquis d'Argenson，1694—1757），法国外交大臣、作家，代表作《回忆录》《日记》。

3　霍布斯（Thomas Hobbes，1588—1679），英国唯物论政治哲学家，代表作为《利维坦》，是之后所有西方政治哲学发展的奠基之作。

4　斐洛（Philon d'Alexandrie，约公元前15—40/45），古希腊犹太哲学家、政治家，首先尝试将宗教信仰和哲学理性相结合，被视为希腊时期犹太教哲学的代表人物和基督教神学的先驱。

5　卡利古拉（Caligula，12—41），罗马帝国第三任皇帝，被认为是罗马帝国早期的暴君。

是一些人生来为奴，另一些人生来为统治者。

亚里士多德是有道理的，[1]但是他因果倒置了。任何生于奴隶状态的人都生来为奴，这一点确定无疑。奴隶在被禁锢之中失去所有，甚至失去了从中解脱出来的欲望：他们喜欢他们的被奴役状态，正如尤利西斯[2]的同伴喜爱他们的牲畜状态一样，[3]因为存在反天性的奴隶。武力造就了最初的奴隶，但怯懦令他们终生为奴。

我完全没有谈及亚当王以及诺亚皇[4]，后者的三个儿子瓜分了全世界，各自为王，正如萨图恩[5]的儿子所做的那样，人们以为在诺亚皇的三个儿子身上看到了他们的影子。我希望大家感谢我的稳重，因为身为这些君王之一的直系后裔，可能还是属于长房那一支，若考证起身份来，我如何知道我就绝对不是人类合法的国王？不管怎样，无人能够否认亚当王是世界的君主，正如鲁滨逊是他的小岛的统治者一样，只要他是那里唯一的居民；而居于这个帝国的便利之处在于，君主稳坐宝座，不用担心叛乱、战争或谋反者。

---

1 见亚里士多德《政治论》第一卷第二章。

2 尤利西斯（Ulysses）是古希腊神话中最著名的英雄之一，也是荷马史诗《奥德赛》中的主人公。尤利西斯激怒了海神波塞冬，海神摧毁了他的船，让他在归家途中受尽劫难。在途经女巫的妖岛时，其同伴喝了她的酒，变成了猪。

3 见普鲁塔克的小论文《假如动物运用理性》。

4 亚当王（Adam），《圣经·创世记》中的人类始祖。诺亚皇，即诺亚（Noah或Noe），据《圣经·创世记》记载，在一场几乎灭绝人类的大洪水中，登上诺亚方舟的诺亚一家成为唯一的幸存者。诺亚的三个儿子闪、含和雅弗在洪水过后繁衍后代，各随各的方言、宗族立国。

5 萨图恩（Saturne），罗马神话中的农神，萨图恩有三个儿子，名为朱庇特、尼普顿、普路托。

第三章　论最强者的权利

若是不将自己的武力转化为权利，将服从转化为责任，那么最强者绝对不会强到足以永远做主人，最强者的权利就是由此而来的。这种在表面上看来颇为讽刺的权利的占据，在事实上却成为确定的原则：但是难道我们永远都不解释这个词吗？武力是一种物理力，我绝不认为从这种力量的后果中可以得出什么结论。屈服于物理力是一种迫不得已的行为，而不是一种主观意愿的行为，这充其量只是一种谨慎的行为，它又在何种意义上可能成为一种责任呢？

设想一下这种所谓的权利。我认为它只会带来无法解释的混乱言论。因为一旦武力造就权利，结果随着原因的变化而改变，那么任何超越第一种武力的力量都可以继承它的权利。一旦人们可以不服从而不受惩罚，那么他们就可以合法地不服从；既然最强者永远都是有道理的，那么关键仅仅在于成为最强者。然而，武力一消失便随之丧失的权利是什么权利？既然必须受武力所迫而服从，那么就没有必要因责任而服从；若是不再被强制服从，那么就不再有义务服从。因此，我们发现权利这个词并没有给武力增添新的意义，在这里它不具任何意义。

服从权力吧。如果这意味着屈从于武力，那么这句告诫虽然好，但却是多余的。我担保它永远不会被违背。所有的权力都来自上帝，我承认；但所有的疾病同样也来自上帝。这是否意味着禁止请医生？一个强盗在树林的一角抓住我，那么我得被迫把钱交出来，但当我能够隐藏钱包的时候，我是否也得被迫老实地把它交出来？因为毕竟强盗手里的枪也是一种权力。

由此我们承认，武力并不产生权利，我们只有服从合法权力的义务。从而，依然得回到我最初的问题上来。

第四章　论奴役

既然任何人都不拥有对其同类的自然权力，且武力并不能产生任何权利，那么只有契约才可能成为人与人之间所有合法权力的基础。

格劳秀斯说，如果个人可以转让他的自由让自己成为某个主人的奴隶，为何全体人民不能转让他们的权利从而成为某个国王的臣民？这里存在不少有待解释的模棱两可的用词，但我们先限于谈"转让"这个词吧。转让即赠予或出卖。然而，一个将自己变成另一个人的奴隶的人并不是赠送自己，而是出卖自己，至少是为了自己的生存而出卖自己：但人民为何要出卖自己？一个国王远不能为他的臣民提供衣食，他只是从他们那里获得自己的衣食，据拉伯雷[1]所说，国王的生活可不俭朴。难道臣民献出自己的条件是让人也取走他们的财产？我看不到他们还剩下什么东西可以保留了。

有人会说暴君为他的臣民确保国内的安宁。即便如此，如果暴君的野心给臣民引来的战争，他不知餍足的贪婪及其政府

1　拉伯雷（Rabelais，约1494—1553），文艺复兴时期法国著名人文主义作家，代表作《巨人传》。

的欺压对臣民造成的损害尤胜于臣民的纷争,那么臣民又能从中得到什么呢?如果这种安宁本身就是他们的一种不幸,那么他们又能从中得到什么呢?监狱里的生活也很安宁,这难道足以让人感到在里边过得舒适了吗?被囚禁在库克罗普斯[1]洞穴中的希腊人在里边安宁地生活,等待着轮到他们被吞食。

说一个人无偿献出自己,那是一件不可思议且荒诞不经的事。做出该行为的人丧失了理性,单凭这一点就可以得出这样的行为是不合法的、无效的。说全体人民无偿献出自己,则等同于设想全体人民都是疯子。疯狂不能造就权利。

即便每个人都能转让自己,他也不能转让自己的孩子;他们生来为人,生来自由,他们的自由属于自己,除了他们自己,任何人都无权支配他们的自由。在到懂事的年龄之前,父亲可以为了孩子的存续和福利,以他们的名义规定一些条件;但是不能无条件地、不可撤回地献出他们;因为这样的赠送违反自然秩序,并且超越了父亲的权利。因此,为了使专制政府合法化,在每一代,都必须由人民做主决定接受它或是摒弃它;但这样的话,这个政府便不再是专制政府。

放弃自由意味着放弃人的身份,放弃人权,甚至是放弃他的责任。对于任何放弃一切的人来说,没有任何可能的补偿。这样的弃绝与人类的本性相悖。剥夺他意志的一切自由就是剥夺

1　库克罗普斯(Cyclopes),独眼巨人,只有一只眼睛长在前额正中的巨人族,群居在库克罗普斯岛上。他们居住在洞里,以岛上的野生物和他们豢养的羊群为食。他们是神祇的仆人,为各神祇工作。这里还是引用了《奥德赛》中的故事,尤利西斯(即奥德修斯)和他的同伴在航行中来到库克罗普斯人居住的地方,被巨人关在洞穴中。

他行为的所有道德性。最后，规定一方享有绝对的权力，又规定另一方要无限地服从，这本身就是一个无效而矛盾的契约。对于一个我们有权要求一切的人，我们不承担任何义务，这一点难道不清楚吗？而这个既不等价也没有交换的唯一条件本身不就已经造成该行为的无效性了吗？因为，既然我的奴隶的一切都属于我，他的权利就是我的权利，那么他对我还享有什么权利呢？这个我对于我自己所享有的权利，不就是一句毫无意义的空话？

格劳秀斯和其他人从战争中得出了所谓的奴役权的另一个起源。他们认为，战胜者有权杀死战败者，后者能够以自由为代价，赎回他的生命；这是一个合法的契约，因为它对双方都有利。

但是很显然，这种所谓的杀死战败者的权利绝非源于战争状态。因为生活在原始独立状态之中的人之间根本不存在恒定的关系，从而不足以形成和平状态或战争状态，他们绝非天生的敌人。构成战争的并非是人与人之间的关系，而是物质之间的关系；战争状态并不能产生于简单的人际关系之中，而只能源于实物关系。无论是在根本没有恒定财产权的自然状态中，还是在一切处于法律权威之下的社会状态中，人对人的私人战争都不可能存在。

个人之间的格斗、决斗、争斗行为根本不能构成状态，至于一些得到法国国王路易九世的法令许可，并被上帝的和平所中止的私人战争，则是封建政府的滥权，而封建政府只不过是种荒谬的体制，一种违背自然法则以及一切正当政治的体制。

因此,战争绝不是人对人的关系,而是国家对国家的关系。在这种关系中,个人之间只是偶然地成为敌人,但他们绝不是以人的身份,甚至不是以公民的身份[1]成为敌人,而是以战士的身份;绝不是以祖国成员的身份,而是以它的捍卫者的身份。最后,鉴于在不同性质的事物之间不能确立任何真正的关系,因此任何国家都只能以他国为敌,而不是以人为敌。

这个原则甚至与任何时期所确立的准则相一致,并且与所有开化民族的不断实践相符合。宣战与其说是对国家的宣告,不如说是对臣民的宣告。外国人,无论君王、个人还是民众,如果未经向国王宣战而抢劫、谋杀或是挟持臣民,那么他就不是敌人,而是强盗。甚至,一个正直的君王在大战期间可以夺取敌国所有的公共财产,但是他必须尊重个人的人身和财产:他所尊重的那些权利同时也是他自身权利存在的基础。战争结束亦即对敌国的摧毁,战胜国有权杀死敌国的捍卫者,只要他们手持武器;但是一旦他们放下武器投降,不再是敌人或敌人的工具,那么他们就重归单纯的人的身份,别人不再拥有处置他们的生命的权利。有时,我们可以消灭一个国家却不能屠杀它的任何一个成员。由此可见,除了夺取胜利,战争并不具有

---

1 罗马人熟知战争权,并且比世界上任何一个民族的人都更尊重战争权,在这方面他们如此一丝不苟,以至于不允许公民在没有明确宣誓反抗敌人,并且指名对抗某个敌人的情况下作为志愿军服兵役。小加图最初在波比里乌斯领导下的军团服役,在该军团改编之后,大加图写信给波比里乌斯,告诉他若是他想要小加图继续在他手下服役的话,必须让他重新作一次军事宣誓,因为第一个宣誓已经被取消,他不能再举起武器对抗敌人。还是这个加图,写信给他的儿子,要求他在没有重新宣誓之前,避免参加战斗。我知道有人会用克鲁修姆之围和其他个别事件来反驳我。但是我举的是法律和惯例的例子。罗马人是最少违背他们的法律的人,也是唯一拥有如此美好的法律的人。——原注

其他不必要的权利。这些原则不是格劳秀斯的原则，它们并不以诗人的权威[1]为基础，而是源于事物的本质，并且建立在理性的基础之上。

对于征服权来说，最强者的法则是其唯一的基础。如果说战争绝不赋予战胜方屠杀战败方人民的权利的话，那么这个战胜方所不拥有的权利，便不能成为奴役战败方的权利的基础。人们只有在无法将敌人变成奴隶的情况下才有权杀死敌人。因此，将他变成奴隶的权利并不源于杀死他的权利。从而，让他用自由来赎回他的生命是一种极不公正的交换，因为人们对于他的生命不享有任何权利。将生死权建立在奴役权的基础之上，同时又将奴役权建立在生死权的基础之上，这不是显然堕入了恶性循环吗？

即便假设存在这种屠杀一切的可怕权利，我认为战争中造就的奴隶或是被征服的人民对于他的主人除了被迫服从之外没有任何其他的义务。夺走他身上等同于生命的东西，意味着战胜者根本没有赦免他的生命，他只是以利己的方式屠杀他而非毫无所得地屠杀他。因此，战胜者获得的仅仅是对于战败者的附着于武力的权威，战争状态一如既往地存在于他们之间，甚至他们的关系就是战争的结果，而战争权利的行使并不以任何和平条约的订立为条件。就算他们之间订立了条约，这种条约也远非打破了战争状态，而是意味着战争的延续。

因此，无论从何种意义上来考察，奴役权都是无效的，不仅

1　卢梭在这里讽刺格劳秀斯，后者喜欢在著作中引用古代诗人的话。

是因为它的非法性，也是因为它的荒谬性和毫无意义。"奴役"和"权利"这两个词是矛盾的，它们之间相互排斥。"我与你订立一项责任全归你，而利益全归我的条约，只要我高兴我就遵守，且只要我高兴你也得遵守。"这种言论不管涉及人对人还是人对于人民，都是一样荒诞不经。

第五章　论溯及最初契约的必要性

即使我接受所有在此之前所驳斥的观点，专制主义的支持者也不会因此获利。在制服民众和管理社会之间始终存在着莫大的差别。一群分散的人相继地屈服于一个人，不管这群人的数量多少，我从中只看到主人和奴隶的形象，完全看不到人民和他的首领的形象；你可以称之为聚合体，但绝对不是一个联合体；其中既没有公共福利，也没有政治体。即便这个人奴役了半个世界，也永远都只是个人；他的利益因为与他人的利益相分离，也永远只是个人利益。如果这个人死亡，那么他的帝国便随之分崩离析，正如一棵被大火焚毁后化为一堆灰烬的橡树。

格劳秀斯说，人民可以献身于国王。因此，据他所言，在献身于国王之前，人民就已经是人民了。这种奉献本身是一种公民行为，它以公共决议的存在为前提。因此，在考察人民选举国王的行为之前，最好先考察人民成其为人民的行为。因为这种行为必须在选举行为之前，是社会真正的基础。

事实上，若是不存在任何事先的约定，少数人服从多数人选择的义务何在？支持一个主人的一百个人为十个反对他的人投票的权利又从何而来？除非选举是全体一致的。多数选举的法则本身就是契约的订立，并且以至少存在过一次一致同意为前提。

第六章　论社会契约

我假设人类曾经到达过这样一种境地：在自然状态下危害他们存续的障碍，其阻力超越了每个人维持自然状态所能够使用的力量；从而这种原始状态再也无法延续，人类若不改变其生存模式便要消亡。

然而，由于人类不能产生新的力量，而是只能聚合、引导这些现有的力量，他们再也没有其他自我保存的方式，而是只能通过聚集可以超越阻力的力量之和，在唯一动机推动之下，让这些力量行动一致。

这种力量之和只能产生于多人力量的合作，但是每个人的力量和自由是他自我存续的首要工具，那么如何能够在不损害自己的前提下运用它们，同时又不忽略对自己应有利益的照料呢？于是这个困难又被引回到我的议题之中，可以将之表述如下：

"找到一种结合形式，凭借它可以运用所有共同的力量来捍卫和保护每个结合者的人身和财产安全，这种形式使得每个结合者虽然与所有人结合在一起，但是只服从自己，并且一如既往地自由。"这就是社会契约所要解决的根本性问题。

该契约的条款完全由契约的性质所决定，以至于最细微的改变都会令其无效、失去意义。因此，尽管这些条款可能从来不曾正式发表，却到处一致，被所有人接受和默认；以至于一旦社会契约遭到违背，每个人都因此重获他的最初权利，以及曾为了约定自由而抛弃的自然自由，同时失去他的约定自由。

这些当然的条款简化为一个条款，亦即每个结合者将他自己及其所有的权利整体让与整个共同体。因为首先，每个人都奉献全部的自己，每个人的条件等同，既然如此，将这个条件变得让其他人难以忍受，这对任何人来说都毫无裨益。

此外，这种让与是毫无保留的，结盟是如此地尽善尽美，以至于任何成员都不再有任何的要求：因为假设某些个人还保留某些权利，那么由于在他们和公众之间不存在任何共同的上级能够做出评判，由于每个人在某些问题上就是自己的评判者，很快就会自认为在所有问题上都是如此，自然状态因此得以延续，社会必然沦为专制或归于无效。

最后，每个人将自己奉献给所有人，也就相当于没有将自己奉献给任何人。既然我们可以从每个结合者那里获得自己让与他的同样的权利，那么我们便赢得了所有失去的东西的等价物，同时也获得了更多保存自己所有物的力量。

因此，如果我们从社会契约中剔除不属于其本质的东西，我们就会发现，社会契约可以简化为如下词句：我们中的每个人将其自身及其所有的力量共同置于普遍意志的最高领导之下，而将每个成员作为整体不可分割的部分纳入整体。

此时，这种结合契约产生了一个道德集合体，而非每个缔约者的个体。道德集合体的成员人数与议会的投票数相等，正是通过这个契约，道德集合体获得了它的统一性，形成了一个共同的我，获得了它的生命和意志。这个因此通过所有其他人的结合形成的公共人，以前被冠以城邦[1]之名，现在则被冠以共和国或政治体之名，当它消极被动时，它的成员称之为国家，当它积极主动时，则被称为主权者，而将它与同类相比较时，则称之为政权。至于合作者，他们的集体称为人民，而作为最高权力的参与者的个体称为公民，作为国家法律的服从者的个体则称为臣民。但是这些用语经常彼此混淆，互换使用；我们只要知道当它们被完全精确地使用时如何区分就行了。

---

1 该词的真实意义在现代人这里几乎完全被抹杀，大部分人将城市视作城邦，将市民视作公民。他们不知道家庭形成城市，而公民才造就城邦。正是这个错误在过去让迦太基人付出了沉重的代价。我没有看到"公民"这个头衔曾经被赋予任何君王的臣民，甚至没有被赋予古代的马其顿人以及今天的英国人，尽管他们比所有其他的人都更加接近自由。只有法国人全都随意地使用"公民"这个词，因为他们对此没有任何正确的观念，这点我们可以在他们的字典里看得出来。然若没有这些字典，他们就会因篡用而犯下大逆不道之罪。法国人认为"公民"这个名词表达了一种德性而非权利。当博丹想要谈论我们的公民和市民的时候，他犯了一个严重的错误：将这两者混淆了。在这方面达朗贝尔先生没有弄错，并且他在"日内瓦"词条中明确区分了我们城市中生活的四个等级的人（若是算上普通外国人的话甚至是五个等级），其中只有两个等级的人是共和国的成员。据我所知，没有任何其他的法国人了解"公民"这个名词的真正含义。——原注

博丹（Jean Bodin, 1530—1596），法国政治思想家、法学家，近代资产阶级主权学说的创始人。代表作《六论共和国》。

达朗贝尔（d'Alembert, 1717—1783），法国著名的数学家、物理学家和天文学家。代表作有8卷巨著《数学手册》、力学专著《动力学》、23卷的《文集》、《百科全书》的序言等。1750年以后，达朗贝尔投身于法国启蒙运动，参与了百科全书的编辑和出版，是法国百科全书派的主要领袖人物。这里的"日内瓦"是百科全书中达朗贝尔所编纂的词条。——译注

第七章 论主权者

从以上表述中可以看出，结盟契约包含了公众和个人之间的相互承诺，每个与自己缔约的个人因此受到双重关系的制约，亦即一方面，相对于个人，他是主权者的成员；另一方面，相对于主权者，他又是国家的成员。但是在这里不能适用民法的准则：任何人都不必遵守与自己订立的契约，因为在对自己承诺和对自己只是其一部分的整体承诺之间存在着莫大的差别。

还要指出的是，由于要将每个人置于两种不同的关系之下进行考察，因此公共决议可以迫使所有的臣民对主权者承担义务，却不能以相反的理由令主权者对他自己承担义务。从而，主权者规定自身不能违反的法律是与政治体的性质相违背的。既然只能将自己置于同一种关系之下进行考察，那么这同个人与自己缔约的情况是一样的。由此可见，不存在、也不能够存在任何针对人民共同体的基本义务法，即便是社会契约也不行。这并不意味着这个共同体在完全不违背社会契约的情况下也绝不能与他人缔约，因为对于外人而言，它是一个单一的存在，一个个体。

但是由于政治体或主权者只能从契约的神圣性中获得其存在，因此，它永远不能规定自身违背该初始契约的任何义务，即便是对于他人的义务，比如，转让它自己的某部分或屈从于另一主权者。违背它赖以存在的契约意味着自我毁灭，而不存在的东西自然不能产生任何结果。

一旦民众因此形成共同体，那么侵犯共同体任一成员的行为必然也对共同体造成攻击，而侵犯共同体的行为更是必然令共同体成员深受影响。从而，责任和利益同样都迫使缔约双方彼此互助，这些人应当努力将所有依赖于该双重关系的利益汇聚其下。

然而，主权者也只不过是由组成它的个体形成的，因此它没有也不可能有与个体相悖的利益；从而，最高权力完全不需要向臣民提供担保，因为共同体不可能想要损害它所有的成员，我们之后会看到，它也不会损害任何个人。主权者，正因为是主权者，永远将是他所应当是的那样。

然而，臣民对于主权者却并非如此。尽管两者之间存在共同利益，但如果主权者不能找到确保他们忠诚的方法的话，那么没有什么东西可以保证他们遵守契约。

事实上，作为人，每个个人都可能拥有个别意志，与他作为公民所拥有的普遍意志相反或不同。他的个人利益可能会向他表达与公共利益完全不同的意愿，他那天生独立的绝对存在可能让他将对公共事业所承担的义务视作一种无偿的奉献，而其他人失去这种无偿奉献所受的损害还不如自己因作出无偿奉献而付出的代价大。他将构成国家的法人看作一个理性的存在,理由是它不是一个人;他享有公民的权利,但是不愿承担臣民的责任:这种不公正发展下去将导致政治体的毁灭。

因此,为了让社会契约不沦为一纸空文,契约默示地包含这一条款,亦即任何拒绝服从普遍意志的人将由整个共同体强迫其服从。这是唯一可以赋予其他条款效力的条款,它的全部意义在于迫使他保持自身的自由:因为正是这个条件在将每个公民献给祖国的同时,保证其不用依附于任何人。这个条件造就了政治机器的结构和机能,也只有它才能使社会契约合法化,没有这个条件,社会契约将是荒谬而专制的,并且易于招致最为严重的滥用。

第八章　论社会状态

从自然状态到社会状态的过渡给人类带来了十分显著的变化。一方面，其行为中的本能被正义所替代；另一方面，其行为被赋予了之前所不具备的道德性。因此，只有当责任的呼唤代替了生理的冲动、权利代替了欲望的时候，在此之前仅关注自身的人类才能发现自己被迫根据其他原则行事，并且在听从其习性之前先咨询其理性。尽管在这种状态中，他被剥夺了一些得之于自然的好处，但他也从中获得了更大的益处。他的才能得到了锻炼和发展，他的思想得以拓宽，他的情感变得高贵，而他的灵魂则整个提升到了如此的高度，以至于若不是这个新环境的弊端往往令他堕落到起点以下的话，他应当会对这个将他永远地从原始状态中解救出来的幸福时刻感恩连连，因为它将一个愚蠢而狭隘的动物变成了一个智慧的存在，一个人。

让我们将这种得失权衡简化为容易比较的用语。人类因社会契约而失去的，是他的自然自由和对于所有吸引他，且他能得到的东西的无限权利；而他因社会契约而获得的，则是公民自由和对于他所占有的一切东西的所有权。为了在补偿权衡之中不发生错误，必须明确区分自然自由和公民自由，前者只以个人力量为界限，而后者则由普遍意志限制；必须明确区分占有和所有，前者仅仅是最先占有者的权利或武力的效果，而后者则只能建立在确实的凭证的基础之上。

在以上所述的基础之上，我们还可以在社会状态的收益中添加道德自由，只有它才能让人类真正成为自己的主人。因为仅受欲望的驱使是奴役，而遵守自己为自己制定的法律才是自由。但是，我在这个问题上已经说得太多了，而在这里自由这个词并不属于我的主题。

第九章　论财产权

在共同体形成的时候，每个成员都以自己当时的原样状态，将自己和所有的力量奉献给它，其中包括他所拥有的财产。这并不意味着通过这种行为，占有在转手之际改变了性质，成为主权者所有权的一部分。但是，由于城邦的力量远远大于个人的力量，公共占有在事实上也更强大、更加不可改变，虽然它并不更加合法，至少对于邦外人来说是如此。根据构成国家中一切权利基础的社会契约，国家相对于它的成员而言，是他们所有财产的主人，但是，相对于其他国家而言，国家是根据从个人那里得来的最先占有者权[1]而成为其财产的主人的。

最先占有者的权利尽管比最强者的权利更加真实，然而也只有在财产权确立之后才成为真正的权利。每个人都自然地有权拥有一切他所必需的东西，但是，令他成为某种财产所有者的积极行为，排除了他对其余一切财产的所有权。一旦他的份额确定，他就必须以此为限，从而对于共同体不再享有任何权利。这就是为何在自然状态中如此脆弱的最先占有者权却受到每个

1　即先占权。

社会人尊重的原因。人们尊重的更多的是这种权利中不属于自己的东西，而非属于他人的东西。

一般来说，在任何土地上许可最先占有者权需要满足以下条件：第一，这块土地上还没有任何居民；第二，只允许其占据维持自身生存所需要的数量；第三，占有并不是通过一种徒劳的仪式，而是以劳动和耕种的方式得以实现。这是在缺乏法律凭证的情况下，所有权应当得到他人尊重的唯一标志。

事实上，把需要和劳动与最先占有者权联系在一起，这难道不是将这种权利尽可能地扩大了吗？可以不给这种权利设定界限吗？是否踏足于一片公共的土地就足以立刻声称成为其主人？是否有能力将其他人暂时驱离就足以剥夺他们重回这片土地的权利？除了通过应受惩罚的篡夺之外——因为它从其余的人那里夺走了自然赋予他们的共同居所和食粮——一个人或是一族人民又如何能够夺得一片广阔的土地，并且剥夺整个人类对它所享有的权利？当努涅斯·巴尔博亚[1]以卡斯蒂利亚国王的名义在海岸上占有南太平洋和整个南美洲的时候，这是否足以剥夺所有居民对它们所拥有的权利，并且将世界上所有的君主排斥在外？就是在这个背景下，这些仪式无谓地增加，天主国王[2]突然只要在他的书房里就可以占有整个世界，除了接下来要从他的王国里扣除之前被其他君主占有的部分。

让我们设想一下，个人毗连的、合并在一起的土地是如何

1　努涅斯·德·巴尔博亚（Nunez de Balbao, 1475—1517），西班牙航海家，1513年发现南太平洋和南美洲后，随即宣布它们为西班牙领海和领土。

2　指前面提到的卡斯蒂利亚国王，费迪南五世（1452—1516）。

成为公共土地的，而从臣民本身扩展到他们所占有的土地的主权权利，又是如何具有物权和人身权的性质的。正是这些让土地的占有者陷入更大的依附性之中，并且将他们本身的力量变成了他们忠诚的保证。古代的君主似乎还没怎么感受到这种好处，因此他们仅被称为波斯人的王、塞族人的王、马其顿人的王，他们似乎更多地是将自己视作人的首领而非国家的主人。而当今的君主则更加巧妙地称为法国国王、西班牙国王、英国国王等。在拥有土地的同时，他们又稳当地掌控了土地上的居民。

这种转让的独特之处在于，共同体接受个人财产远非剥夺他们的财产，而仅仅是确保他们对于财产的合法占有，将侵占转化为真正的权利，将享有转化为所有。因此，占有者被认为是公共财产的保管人，他们的权利得到国家全体成员的尊重，国家全力维护其不受外国人的侵犯。通过一种有利于公众，但更有利于个人自身的让与，可以说，他们获得了奉献出去的一切。只要区分主权者和所有者对于同一地产所拥有的权利，这个悖论便很容易解释。我们之后会谈到这一点。

也有可能人类在什么都没有占有的情况下就开始结合起来，之后夺得一片足够他们所有人使用的土地，他们共享土地，或者他们之间平均或按主权者规定的比例瓜分土地。不管这种获得是通过何种方式实现的，每个个人对于他自己的地产的权利始终隶属于共同体对于所有人的权利。如若没有这种隶属关系，那么社会联系中便不存在团结一致，而主权行使中也不具备真正的力量。

在本章和本卷末,我要指出构成整个社会体系的基础:"基本条约并不摧毁自然平等,相反地,它用道德和法律的平等替代了自然所赋予的人与人之间身体上的不平等,从而尽管他们可能在力量和天赋方面存在不平等,但是根据契约和权利,他们人人平等。"[1]

---

1 在低劣的政府之下,这种平等只是表面而虚幻的,它的作用仅仅在于保持穷人的贫困和维持富人的侵占。事实上,法律总是对有产者有益,而对一无所有的人有害。由此可见,只有在所有人都拥有某些东西,但又没有人拥有过多东西的情况下,社会状态才对人类有利。——原注

第二卷

第一章　论主权的不可转让

以上所确立的原则之首要且最为重要的结果是，唯有普遍意志才能根据国家创立的目的，亦即公共福利来领导国家力量。因为如果说个人利益之间的对立使得社会的建立成为必要，那么正是这些利益之间的一致令社会的建立成为可能。恰恰是这些不同利益之间的共同之处形成了社会关系，若是所有这些利益没有在某些方面达成一致，那么任何社会都不可能存在。因此，社会的管理应当完全根据这个共同利益来实施。

因此我认为：主权纯粹是普遍意志的实践，它永远都不能转让；主权者仅仅是一个集体的存在，它只能自己代表自己；权力可以转移，但意志不能。

事实上，如果说个体意志与普遍意志在某些方面达成一致不无可能，那么至少这种一致要达到持久和恒定是不可能的。因为个体意志因其本性倾向于偏私，而普遍意志则倾向于平等。我们更不可能获得对于该一致的保证，即便它总是存在；因为这不是人为的结果，而是偶然的结果。主权者完全可以说：我目前的意愿与这个人的意愿一致，或者至少是与他所表达的意愿一致；但是他不能说：明天我的意愿与这个人的意愿依然一致。因为让意志给自己套上未来的锁链是荒谬的,同时也因为,不是由意志来同意任何与意愿者的福利相悖的事情。因此如果人民仅仅承诺服从,那么他就会因为这一行为而解体,并且失去人民的品质;当主人出现的时候,就不再有主权者,自此政治体毁灭。

这绝不是说,只要可以自由地表示反对的主权者不反对,那么首领的命令便不能被认为是普遍意志。在这种情况下,我们可以根据普遍的沉默推定人民的同意。这一点还有待详细解说。

第二章　论主权的不可分割

基于与主权不可转让同样的理由，主权不可分割。因为意志要么是普遍的[1]，要么是非普遍的；它要么是人民共同体的意志，要么就是一部分人的意志。在第一种情况下，这种公示的意志是主权约定，并且构成法律；而在第二种情况下，它只是个别意志或行政约定，至多构成政令。

但是我们的政治家[2]由于不能在理论上分割主权，便在对象上对其进行分割。他们将主权分为权力和意志、立法权和执行权、税收权、司法权和战争权、内政权和外交权。他们时而将所有这些部分混在一起，时而又将它们分割开来。他们把主权者变成了一个由镶嵌物构成的怪诞的存在，就如同他们用几个身体组成一个人，其中可能有一个身体的眼睛，另一个身体的手臂，还有另一个身体的脚，仅此而已。据说，日本的江湖艺人当着观众的面将一个孩子肢解，然后将他的四肢一一抛向空中，掉下来的时候便成了一个四肢健全的活生生的孩子。这有点像我

1　普遍意志的形成并不必然要求意志的全体一致，但是，所有的投票都必须计算在内，任何形式上的排斥都是对普遍性的破坏。——原注

2　这里指17世纪的政治家们，如格劳秀斯、霍布斯、普芬道夫等，他们普遍认为主权是可以拆分成多种权利的。

们的政治学家玩的骗人把戏：他们用一种足以在集市上表演的魔术，在将社会共同体肢解后，又以不为人知的方法将这些碎块重新组装起来。

这个错误源于没有形成对最高权力的正确观念，并且将这个权力的派生物误认为是它的组成部分。比如，将宣战书和媾和书视作主权文件，事实上并非如此，因为这些文件都不是法律，而只是法律的适用，亦即一种确定法律案例的个别文件。这一点在确定与法律这个词相关的概念之时便可明了。

同样地，根据其他的划分，我们可能会发现，我们每次认为看到了被分割的主权，那都是错的；而我们视作这个主权组成部分的权利都是主权的附属权，它们仅仅是最高意志的执行，始终必须以最高意志的存在为条件。

我们简直难以形容，当政治法方面的作家想要根据他们既定的原则判断国王和人民之间各自的权利时，这种准确性的缺乏使他们的论断变得多么晦涩难解。每个人都可以在格劳秀斯的著作[1]第一卷第三、第四章中看到，这个博学的人和他的译者巴贝拉克是如何在他们的诡辩中纠缠不清、迷惑不解的。他们既害怕说得太多从而超越了他们的观点，又担心说得不够不足以表达他们的见解，还担心会冒犯他们想要调和的利益。逃亡到法国的格劳秀斯对祖国心存不满，想要奉承路易十三，他将自己的书献给路易十三，不遗余力地剥夺人民所有的权利，使尽手段将这些权利授予国王。这恰恰也是巴贝拉克的兴趣所在。巴

1　这里指《战争与和平法》。

贝拉克将他的翻译献给了英国国王乔治一世。然而不幸的是，他将雅克二世[1]的驱逐出境称为逊位，这迫使他态度谨慎，闪烁其词，支吾搪塞，以免把纪尧姆[2]说成是一个篡位者。如果这两个作家采用了恰当的原则，那么所有的困难就迎刃而解了，他们就可以始终逻辑一致。然而，假如说真话，那他们就会遇到难题，但也会受到人民的欢迎。可是，真话并不能带来幸运，而人民也无法给予他们大使职务、教授职位或年金。

---

1 雅克二世（James/Jacques Stuart, 1633—1701），英国国王，1685 年至 1688 年在位。雅克二世是天主教徒，1688 年光荣革命时被赶下台，逃亡到法国，受到路易十四的庇护。

2 纪尧姆三世（Guillaume Ⅲ d'Orange-Nassau, 1650—1702），又称威廉三世，英国国王，1689 年至 1702 年在位，新教徒，是路易十四的宿敌。1688 年光荣革命将雅克二世赶下台后，被拥为国王，之后开始了与法国之间近乎百年的英法战争。

第三章　论普遍意志发生错误的可能性

如前所述，普遍意志始终正确并且始终倾向于公共利益。但是，这并不能带来如下结论：人民的决议始终具有如一的正确性。人民始终以他自己的利益为目标，但是他并不总是能看到自己的利益所在：人民永远不会被腐蚀，但是人民经常会受欺骗，正因为如此，他才会看起来像是想要不好的东西。

在所有人的意志和普遍意志之间经常会存在差异，因为后者只关注公共利益，而前者则注重私人利益，它只不过是个人意志的总和。但是从这些意志的总和中去除那些相互之间正负抵消的意志[1]，得出的差的总和便是普遍意志。

假设人民在充分知情的情况下做出决议，而公民相互之间不存在任何的交流，那么从大量小分歧中总是可以得出普遍意志，而做出的决议也总是好的。但是，一旦损害大众利益的一些小集团、阴谋集团形成，那么每个小集团的意志相对于其成员来

1　阿尔让松侯爵说："每种利益都有其不同的原则。两个个人利益的一致建立在与第三人利益对立的基础之上。"他的未竟之言是，所有人利益的一致建立在与每个人的利益对立的基础之上。如果根本不存在不同的利益，那么我们就几乎感受不到畅通无阻的公共利益：一切将变得自然而然，政治学也将不再是一门艺术。

说都是普遍意志，而相对于国家来说则成了个人意志。从而可以说，投票者的数量不再等同于人的数量，而仅仅等同于集团的数量。分歧的数量因此变少，但是得出的结论的普遍性也随之降低。最后，当这些集团之一壮大到超越其他一切集团的地步，你得到的结果便不再是各种小分歧的总和，而是单一的一个分歧，而普遍意志也将不复存在，凌驾于一切之上的将仅仅是某个个别意见。

因此，为了确保普遍意志得以表达，国家之中不得有小集团的存在，每个公民只能表达自己的意见[1]。伟大的利库尔戈斯[2]崇高且独一无二的制度便是如此。假设存在一些小集团，那么必须增加其数量，防止它们之间的不平等，正如梭伦[3]、努马[4]和塞尔维乌斯[5]所做的那样。唯有这些预防措施才能有效维持普遍意志的开明性，并且彻底避免人民犯错。

1　马基雅维利说："事实上，有些划分不利于共和国，有些则相反。其中会激发派别争斗的不利于共和国，而不会引起派别争斗的则有利于共和国。虽然共和国的创立者不能避免纷争的产生，但至少他应当防止他们形成派别。"(《佛罗伦萨史》，第七卷) 原文为拉丁语。——原注

2　利库尔戈斯 (Lycurgue)，传说中斯巴达的立法者，根据普鲁塔克在《列传》中的记载，利库尔戈斯生活在公元前9世纪左右。

3　梭伦 (Solon，约前640—前558)，古希腊雅典政治家、立法者、诗人。古希腊七贤之一。公元前549年出任雅典第一任执政官，制定法律，进行改革，史称"梭伦改革"。梭伦按财产多少将公民划分为四个等级，凭此确定他们的政治权利。

4　努马 (Numa Pompillus，约前715—前673)，古罗马王政时代的第二代国王。普鲁塔克在《列传》中将利库尔戈斯与之作并列对比。

5　塞尔维乌斯 (Servius Tullius，前578—前535)，罗马第六任国王。塞尔维乌斯在位期间推行改革，内容包括将公民按财产划分为五个等级等，详见本书第四卷第四章。

第四章　论主权权力的界限

既然国家或城邦仅仅是一个法人，其生命力在于其成员的结合，既然它最关注的是自身的存续，那么它就必须具有一种普遍的强制力，以便用最适合整体的方式来驱动和支配每个部分。正如自然赋予每个人对其四肢的绝对权一样，社会契约赋予政治体对其所有成员的绝对权，正是这种在普遍意志领导下的权力，被冠以了我所说的主权之名。

但是，除了公共人之外，我们必须考虑组成它的个人，他们的生命和自由是天生独立于公共人的。因此，关键在于明确区分公民和主权者各自的权利[1]，公民作为臣民应当履行的责任以及他们作为人应当享有的自然权利。

我们承认，每个人通过社会契约转让的他的力量、财产和自由，都仅仅是其全部力量、财产和自由中对共同体至关重要的一部分，但我们也必须承认，只有主权者才能对这种重要性做出裁判。

公民能够提供给国家的所有服务，一旦主权者如此要求，

---

1 细心的读者们，请不要急于指责我在这里的自相矛盾。由于语言的贫乏，我没能避免用词上的矛盾，请耐心期待下文。——原注

就应当立刻提供。但是从主权者一方来说，他不能强加于臣民任何对共同体无益的奴役，甚至，他都不能存有这样的意图。因为凡事必有因，无因则无果，这是理性法则和自然法则的共同要求。

将我们与社会共同体连接在一起的承诺只有在相互的条件下才具有约束性。这些承诺具备这样的性质：那就是在履行这些承诺之时，我们既为他人效劳，同时也为自己效力。若不是因为所有的人都将"每个人"这个词归指自己，并且在为全体投票的时候也都考虑自己的话，普遍意志何以总是公正，而所有人又何以总是希冀他们中每个人幸福呢？这一点证明了权利平等及其衍生的公平概念源于每个人对于自身的偏爱，因此也可以说是出于人的本性。而普遍意志要真正成其为普遍意志，就必须在目的和本质上都具有普遍性，应当从全体出发，适用于全体，当它倾向于某个既定的个别对象时，普遍意志便失去了它自然的公正性。因为此时我们是对自己所陌生的事物进行判断，得不到任何真正的公平原则的指引。

事实上，一旦牵涉到个别权利或事实，在某一点上事先的整体约定没有对此做出规定，那么整个事情就会因此发生争议。在这场争讼中，相关的个人是其中一方，而公众则是另一方。但是在这种情形下，我看不到应当遵循的法则，也看不到应当做出判决的法官。从而，想要寄希望于普遍意志的明确决断是可笑的，它只可能是其中一方得出的结论，对于另一方来说，它就是外来的个别意志，在这种情况下它倾向于不公平，易于犯错。因而正如个别意志不能代表普遍意志，一旦普遍意志有了个别目的,它便改变了本质,那么就不能以普遍的名义对人或事做出评判。比如,当雅典人民任命或罢黜首领,授予某个人荣誉而判处另一个人刑罚,或者是通过大量特殊政令实施所有的政府行为时,人民不再拥有严格意义上的普遍意志,它的行为不再是主权者的行为,而是行政官的行为。这一点似乎与大众观念相悖,但请先给我时间阐明我的观点。

在这点上我们应当这样理解:普遍意志之所以具有普遍性,并不在于投票的数量,而是在于将它们聚合在一起的公共利益。因为在这一制度中,每个人都必须服从他强加于其他人的条件,正是这种利益和公正之间令人赞叹的一致性,赋予了公共决议公平的特征。在任何个人事件的讨论中,由于缺乏将裁判者的准则和当事人的准则相结合一致的公共利益,这种公平已见消失。

无论从哪方面来溯源,我们总是得出同样的结论:即社会公约在公民之间建立了这样的平等,以至于他们全部受同样条件的约束,同时也应当享有同样的权利。因此,根据公约的性质,任何主权约定,亦即普遍意志的任何真实约定,都对所有的公民具有约束力,并且对他们都有利。因此,主权者只认识国家共同体,而不能区分组成它的任何个人。那么何谓严格意义上的主权约定?这不是上级与下级之间订立的约定,而是共同体和它的每个成员之间订立的协议:它是合法的协议,因为它以社会契约为基础;它是公平的协议,因为它为所有人共有;它是有益的协议,因为它只能以普遍利益为目标;它是牢靠的协议,因为它由公共力量和最高权力做担保。一旦臣民服从于这样的协议，他们就不再服从于任何人，而是只服从他们自己的意志，而询问主权者和公民各自权利的范围，就等于是询问他们能对自己——亦即每个人对全体以及全体对他们中每个人——承诺义务的程度。

从而我们可以看出，尽管主权权力绝对且神圣不可侵犯，但是它没有也不能够超越普遍约定的界限，任何人都能全权处理这些约定留给他的那部分财产和自由。因此，主权者永远都无权要求一个臣民负担比另一个更多的义务，因为一旦涉及个案，主权权力便失去了效力。

一旦这些区别被接受，那么认为在社会契约中存在来自个人的任何真正的弃绝都是不切实际的。他们的处境因为这个契约而真正地优于之前，而他们所做的并不是让与，而只是一种有益的交换：用一种不确定、不稳定的生活方式换取了另一种更优越、更可靠的生活方式；用自然的独立换取了自由；用损害他人的权力换取了他们自身的安全；用他们可能被其他人超越的力量换取了一种因社会结合而变得不可战胜的权利。他们奉献给国家的生命本身不断地受到国家的保护，而当他们冒着生命危险捍卫国家之时，他们所做的，不就是将他们从国家那里得到的还给国家吗？他们所做的，不就是当他们在自然状态中投入不可避免的战斗、冒着生命危险保卫自身存续所需之时，做的更加频繁也更加危险的事吗？确实，必要时所有人都必须为祖国而战，但是，再也没有人必须为自己而战。为了我们的安全保障，当我们失去安全时为了自身必须要冒险，现在不必再单独面对风险，这难道不合算吗？

第五章　论生死权

　　有人问，完全没有权利处置他们自身生命的个人，如何能够将他们所不具备的权利转移给主权者呢？这个问题之所以显得很难回答，仅仅是因为它的提法不对。任何人都有权为了保存生命而冒自身生命的危险。曾有人说过跳窗逃避火灾的人是犯了自杀之罪吗？曾有人将自杀罪归咎于明知暴风雨的危险而登船，结果死于风浪之中的人吗？

　　社会契约的目的是缔约者的存续。要达到目的，就必然要采用手段，而这些手段与某些风险，甚至是某些伤亡密不可分。谁若是想要通过牺牲他人来保全自己的生命，那么在必要的时候他也应当为了他们付出自己的生命。但是，公民不再是法律要他冒的风险的判断者，当君主对他说"为了国家，你应当死亡"，那么他就应该死。因为他之所以能够安全地活到现在，就是基于这个条件。他的生命不再仅仅是自然的恩惠，而是国家有条件的馈赠。

　　我们大致可以从同样的角度来考虑对罪犯所处的死刑。正是为了不成为杀手的牺牲品，所以我们才同意，一旦成为杀手就得死亡。在这个契约中，我们所想的只是确保我们的生命，而远非处置我们的生命，因此不应当假定缔约者中的任何人都预设自己将被施以绞刑。

此外，任何攻击社会权利的邪恶之徒都因其所犯的重罪成为祖国的反叛者和叛徒，一旦侵犯法律，他就不再是祖国的成员，甚至于这就是向祖国开战。从而，国家的存续与他的存续不再兼容，他们之中有一方必须死亡。当我们对罪犯处以死刑之时，他的身份不再是公民，而是敌人。程序和判决是他破坏社会契约的证明和宣告，因此，他不再是国家的成员。但是，由于之前他自认为是国家成员，至少基于他在国内的居留，因此，我们应当把他作为契约的破坏者将他驱逐出境，或者将他作为公众的敌人判处死刑，从而将他从国家中剔除出去。因为，这样的敌人并不是一个法人，而是一个自然人，在这种情况下，战争的权利即杀死战败者的权利。

然而有人会说，对罪犯的判决是一种个别行为，我同意。因此，这种判决绝对不属于主权者，这是主权者能够授予他人但不能亲自行使的权利。我所有的观点都有充分的依据，但我不能同时对它们加以阐明。

此外，酷刑的频率一直都是政府衰弱和怠惰的表征。绝不存在一无是处的恶人。即便是为了杀一儆百，我们也只能处死那些活着必然会带来危险的人。

至于赦免权，或是免除罪犯由法律规定并经法官判定的刑罚的权利，只属于凌驾于法官和法律之上的人，也就是说，主权者。尽管他在这方面的权利还不太明晰，而行使这种权利的情况也十分罕见。在一个管理良好的国家里，惩罚很稀少，这并不是因为存在很多的赦免，而是因为罪犯很少见。而当国家衰落时，犯罪大量增加，反而确保了犯罪行为的不受惩罚。在罗马共和国的统治下，元老院和执政官也不试图实施赦免，人民本身也不会这么做，尽管有时他会撤销自己做出的判决。频繁的赦免预示着很快重罪都不需要赦免了，每个人都看得到这最终会导向何处。但是我听到自己的内心在低语，从而停下了笔：就让从未犯错的正直的人来讨论这些问题吧，这样的人自身永远都不需要赦免。

第六章 论法律

　　我们已经借助于社会契约赋予了政治体存在的权利和生命，因此，目前的问题在于通过立法赋予政治体行动和意志。因为根据已形成和结合的原始契约，该共同体还不能决定为了自身的存续它应当如何行为。

　　美好并且合乎秩序的事物之所以如此，是其本性使然，与人类的契约没有关系。一切公正都来自上帝，上帝是公正的唯一源泉。但是，如果我们懂得从如此的高度获得公正，那么我们就不再需要政府和法律。毫无疑问，这种普遍公正只能源于理性，但是为了能够被我们所接受，它应当是相互的。如果从人的角度出发来考虑事物，那么由于缺乏自然的制裁，公平之法在人与人之间毫无效力，它只会让恶人受益，让正直的人受害，因为后者对所有的人都遵守公正之法，但是没有人对他遵守公正之法。因此，必须制定一些契约和法律，从而将权利和责任结合起来，使公正成为它的宗旨。在自然状态中，一切都是共有的，对于我没有做出任何承诺的人，我不承担任何义务。我只承认对我没有用的东西属于他人。但是在社会状态中却并非如此，因为所有的权利都由法律来确定。

那么究竟什么是法律呢？如果我们只满足于赋予这个词一些形而上学的概念的话，那么我们将继续陷于无休止的辩论中而无法取得一致。即使有人能说出什么是自然法，他也并不因此就更加懂得什么是国家法。

我已经说过，普遍意志绝不针对个别对象。事实上，这个个别对象可以是在国家之内，也可以是在国家之外。若是在国家之外，那么外来的意志相对于它来说就完全不具有普遍性；若是在国家之内，那么它就是国家的一部分，从而在全体和部分之间形成了一种关系，从中产生了两个独立的存在，其中某部分是一个，而从全体中扣除这个部分剩下的是另一个。但是，扣除了这一部分的全体绝不是全体，并且只要这种关系存续下去，就不再有全体，只有两个不平等的部分。由此可见，一部分的意志相对于另一部分来说也绝对不再具有普遍性。

但是，当全体人民对全体人民做出规定时，他考虑的仅仅是自身，如果说因此而形成了某种关系的话，那么也是某一角度下的全体对象与另一角度下的全体对象之间的关系，完全不存在任何分割。从而，规定的内容与做出规定的意志都具有普遍性。正是这一规定性文件，被我们称为法律。

当我说法律的对象总是具有普遍性的时候，我的意思是，法律将臣民视作共同体，并且将他们的行为视作抽象行为，从来不将人视作个人，也不将行为视作具体行为。因此，法律完全可以规定特权，但是它不能指名将特权赋予任何人；法律可以将公民分成几个等级，甚至规定有权进入这些等级的资格，但是它不能指名将某些人列入这些等级之中；法律可以确立一种王权政府或世袭继承制，但是它不能选举国王，也不能指定王室家庭；一句话，任何与个体对象相关的职能都绝对不属于立法权。

根据这个观点，我们即刻就会发现，再也不必问立法权属于谁，因为法律是普遍意志的备案；也不必问君王是否凌驾于法律之上，因为他是国家的成员；也不必问法律是否可能不公正，因为没有人会对自己不公正；也不必问我们如何能够既享有自由又服从法律，因为法律只不过是我们的意志的记录罢了。

我们还发现，法律将意志的普遍性和对象的普遍性结合起来，不论是什么样的人，他擅自发布的命令绝对不是法律，甚至主权者针对个别对象发布的命令也不是法律，而是政令；不是主权文件，而是行政文件。

因此，我称呼所有的法治国家为共和国，无论其政府形式如何：因为在这种情况下，唯有公共利益才支配一切，而公共事物具有重要价值。一切合法政府都是共和政府[1]。接下来我将解释何为政府。

确切地说，法律只不过是公民结合的条件。服从法律的人民同时也应当是法律的创制者。只有这些结合起来的人才能规定社会条件。但是他们如何做出规定呢？是通过共同的突如其来的灵感吗？政治体是否有可以表达其意志的机构？是谁赋予了它必要的远见，从而形成法律文件并且预先公布，或者说如何在需要的时候宣布？而盲目的民众，因为难得知道什么才对自

---

1 我在这里用这个词并不仅仅意指贵族制或是民主制，而是泛指所有由普遍意志、亦即法律引领的政府。政府要合法，就不应当与主权者相混淆，而是应当成为主权者的执行者。如此，即便是君主制本身也是共和制。这一点我将会在下一卷中加以阐明。——原注

己有益,从而通常情况下不知道自己想要什么的民众,又是如何亲自完成如确立法律体系这般庞大而艰难的事业的呢? 人民本身总是想要得到利益,但是他自己并不总是能够看到利益所在。

　　普遍意志永远都是正确的,但是引导普遍意志的判断却并不总是开明的。因此,必须让它看到对象的原样,有时是对象在它面前应当呈现的样子,向它展示它所寻求的正确道路,确保它不受个别意志的诱惑,让它看清时间和地点,用隐藏的远忧来平衡显在的近利。个人看到利益但却抛弃了它,公众想要利益却又看不到它。所有的人都需要向导。因此必须迫使前者的意志与他们的理性相契合,同时教会后者懂得什么是他们所需要的。如此便从公众的智慧中产生了智力和意志在社会共同体中的结合,从而获得共同体各个部分之间的真正结合,最终形成全体的最大力量。由此得出立法者存在的必要性。

第七章　论立法者

为了发现适合于各个国家的最佳社会规范，必须有一个卓越的智者，他体验过人类所有的激情，但并不受任何激情所苦；他与我们的本性毫无关系，但又深刻了解它；他的幸福与我们无关，但他想要为我们谋取幸福；最后，他能够在一个世纪里劳作，却在另一个世纪里享乐[1]，在时代的更替中为长远的辉煌做准备。为人类制定法律，简直需要神灵才能办到。

柏拉图将卡利古拉对于事实所做的推理用到了法律上，目的是定义他在论统治的著作[2]中思索的平民或王室人物。但如果说一个伟大的君主确实是一个难得的人物的话，那么一个伟大的立法者又是什么样的人物呢？前者只需要遵循后者应当建议的模式。立法者是发明机器的工程师，而君主只不过是组装并运行机器的工人罢了。孟德斯鸠说，在社会建立之初，是共和国的首领设立了制度，之后却是制度培养了共和国的首领。

1　人民只有在他的立法开始衰败的时候才会变得闻名。我们不知道在斯巴达人成
　　为希腊其他地方的议题之前，利库尔戈斯的制度已经为斯巴达人创造了多少个
　　世纪的幸福。——原注

2　这里指柏拉图的著作《政治篇》。

敢于尝试组建人民的人，可以说应当自觉有能力改变人的本质，能够将每一个本身就是完美而孤立的整体的个体，改造成一个更大的整体的组成部分。从某种意义上来说，这个个体从整体中获得了自己的生命和存在；他也应当自觉能够改变整个人类的体质，令它得到加强；能够用一种部分的、精神的存在替代我们所有人从自然界获得的独立的、肉体的存在。简言之，为了赋予人外来的力量，就必须夺去人自身固有的力量，而这种外来的力量必须在他人的帮助之下才能使用。这些自然的力量消除得越多，他获得的力量就越强大持久，从而制度也就越坚固完美。因此，如果说每个公民若不依靠其他所有人就什么也不是、什么也不能，如果说整体所获得的力量等于或大于所有个人自然力量的总和，那么我们就可以说，立法已经达到了它所能达到的最完美的程度。

　　从任何角度来说，立法者在国家中都是一个卓越的人物。如果说他在才能上必须如此的话，他在职务上也同样如此。这职务绝不是行政，也不是主权；它创建了共和国，却不包括在共和国的组织之内。这是一种特殊的最高职能，与人的统治权没有任何共同之处，因为如果指挥人的人不应当支配法律的话，那么支配法律的人也不应当指挥人。否则，他的法律将沦为其激情的工具，通常只能使他的不公正得以延续，而他永远都不能避免一些个人之见损害其工作的神圣性。

　　利库尔戈斯为他的祖国制定法律的时候，他首先放弃了王位。希腊大多数城市都有委托邦外人来制定法律的习惯。现代意大利的共和国经常仿效这种做法，日内瓦共和国亦是如此，且适用良好。[1]在罗马最辉煌的时代，所有专制的罪恶已经在其内部再生，国家濒临灭亡，原因是主权和立法权聚集在了同样的几个人身上。

但是，罗马的十大执政官本身从不凭借自己独有的权力篡夺通过任何法律的权利。他们对人民说："我们向你们提议的一切，都必须经过你们的同意才能成为法律。罗马人，为你们自己制定应当给你们创造幸福的法律吧。"

因此，起草法律的人没有或者说不应当有任何立法权。人民本身即便愿意，也不能够放弃这个不能转让的权利，因为根据基本契约，只有普遍意志才能约束个人，而我们永远不能确证个别意志与普遍意志相符，除非在将它提交人民自由选举之后。这一点我已经说过，但是再次重复也不无裨益。

因此，我们在立法工作中发现两个看起来并不兼容的东西：一是超越于人力之上的事业，二是执行它的微不足道的权威。

还有其他值得注意的困难。若是智者想要与民众讲他们的语言，而非民众的语言，那么他们便得不到理解。然而，有无数的观点无法转化为大众语言。太具有普遍意义的观点和太长远的目标都不在其能力范围之内，因为每个个人都只重视与他个人利益相关的政府计划，从而很难注意到自己从良好的法律对他们的不断剥夺中应当得到的收益。为了新生的人民能够重视健康的政治准则、遵循国家利益的基本规则，应当进行因果倒

---

1 仅仅将卡尔文视作神学家的人，并不了解其才学的博大精深。他对我们贤明的法令的编纂做出了很大的贡献，这给他带来的荣誉可媲美于他的教派团体。无论时间会给我们的信仰带来多大的变革，只要我们对于祖国和自由的热爱不灭，我们就永远会不断地以感恩之情怀念这个伟大的人物。——原注

置,用本应是制度产物的社会精神来支配制度本身,而人在法律存在之前就应当是经法律规范过后的样子。从而,既不能使用武力也不能使用说理的立法者,必须求助于不用暴力就能约束人、不用游说就可以说服人的另一种权威。

这就是一直以来迫使国家的创立者求助于上天的干预,并且将他们自身的智慧加诸神灵的原因,目的是为了让服从国家法律和自然法则的人民认识到,是同一种力量造就了人和城邦,从而自由地服从并且乖顺地接受公共福祉的束缚。

这个高深的理由超越了普通大众的理解能力。也正是因为这个理由,立法者借神灵之口说出其决定,以便约束那些人类的贤明[1]所无法撼动的人。但并非任何人都能令神灵开口,也不是任何人在自称为神灵代言时都能得到大家的信任。立法者的伟大灵魂是证实其使命的真正神迹。任何人都可以雕刻石碑,收买神谕,假装通灵,训练小鸟在他耳边私语,或是找到其他卑鄙手段来欺骗人民。只懂得这些花招的人偶尔甚至也能纠集一群失去理智的人,但是他永远无法建立一个帝国,他那荒唐的杰作很快就会跟他一起消亡。虚幻的声望只能形成昙花一现的联系,只有智慧才能令这种联系持久。至今始终存在的犹太教的法律,以及千年以来统治着半个世界的以实玛利[2]的子孙的法律,在今天依然显示着制定者的伟大;而傲慢的哲学或盲目的

---

1 马基雅维利说:"事实上,为了通过新的法律,没有一个立法者不求助于某个神灵的干预。必须承认,不通过这种手段,这些法律就不会被人接受。睿智的立法者认识到很多良好的法则,但是这些法则本身并没有任何明显的证据令人们信服。"(《李维论》,第一卷第十一章)——原注

2 亚伯拉罕与其埃及女佣夏甲生的儿子,传说是阿拉伯民族的祖先。

党派精神只将他们视作幸运的骗子。真正的政治家欣赏他们制度中那个主宰着持久的国家机构的伟大而能干的天才。

然而不应当由此得出与华伯登[1]一样的结论,认为政治和宗教在我们之中有着共同的目的,相反地,在国家起源之初,宗教是政治的工具。

1　华伯登(William Warburton, 1698—1779),英国神学家。此处卢梭暗指的是他的著作《教会与国家的联盟》(1736)。

第八章 论人民

　　正如在建高楼大厦之前，建筑师要先检测勘探土地是否能够承受其重一样，智慧的创立者一开始并不直接拟定良好的法律，而是预先检查法律将要适用的人民是否适宜承受它。正因为此，柏拉图拒绝为阿卡迪亚人[1]和昔兰尼人[2]制定法律，因为他知道这两个民族很富裕，从而不能忍受平等；也正因为此，我们看到在克里特岛[3]良好的法律和恶人并存，因为米诺斯[4]制服的是一个充满恶习的民族。

　　无数个民族曾经在世界上辉煌过，但他们可能从来都无法忍受好的法律；而那些本身能够忍受好的法律的民族，在它们的生命中也只有极短的一段时期可以如此。大部分的民族如同人一样，只有在青春时期才是温顺的，在衰老的时候便变得不可

1　阿卡迪亚（Acadie），位于伯罗奔尼撒半岛，与希腊大陆的其他部分隔绝，那里的人过着牧歌式的生活，所以被西方国家引申为"世外桃源"。

2　昔兰尼（Cyrene），古希腊城市，位于目前的利比亚，该典故出自普鲁塔克《一个该受教育的君主》。

3　克里特岛（Crete），希腊第一大岛，位于地中海北部，是古希腊文化的中心，现为旅游胜地。

4　米诺斯（Minos），希腊神话中的克里特之王，宙斯与欧罗巴之子。克里特文明又被称为米诺斯文明。

救药；因为一旦习惯养成，偏见根深蒂固，那么再想要对他们进行变革就是一件危险而徒劳无功的事情了。人民甚至于不能忍受别人为了消除他的缺点而触碰它，正如那些愚蠢而胆怯的病人看到医生就发抖一样。

正如某些疾病扰乱人的头脑、消除他们过去的记忆一样，在国家的生命中，有时也不是不存在一些动乱的时期。在这些时期，革命对于人民的影响正如某些疾病发作对于个人的影响一样，此时对过去的恐惧替代了遗忘；而战火燃烧的国家，可以说是在灰烬中得以重生，在逃脱死亡的怀抱的同时恢复了青春的活力。利库尔戈斯时期的斯巴达是如此，塔奎尼乌斯王朝[1]之后的罗马是如此，在我们这个年代，暴君被驱逐之后的荷兰和瑞士亦是如此。

但这些事件是罕见的，是一些例外，其原因总是能够在例外国家的特殊政体中找到。这些例外甚至于不会在同一民族身上发生两次。当它只是蛮族的时候，它可以使自己自由，但是当它的政治活力衰竭之时，它便再也不能使自己自由。这时动乱可以毁灭它，革命无法重建它。一旦它的枷锁被打碎，它就会分崩离析，不复存在。自此，它需要的就不再是解放者，而是主人。自由的人民，记住这句箴言吧：我们可以获得自由，但永远无法恢复自由。

青春时期并不是童年时期。民族如同人一样，也有他的青春时期。或者说，如果想要达到成熟期，那么在他们服从于法律

1　塔奎尼乌斯（Tarquins），公元前7世纪至前6世纪统治罗马帝国的王朝，最后一个国王高傲者塔奎尼乌斯于509年被推翻，之后共和国建立。

之前必须等待。但是，人民的成熟并不总是容易识别的，提前应对的结果必然是失败。有的人民在新生时就会守纪律，有的则历经千年也不会守纪律。俄罗斯人永远都不会真正地开化，因为他们开化得太早。彼得[1]具有模仿的才能，但是他不具有真正的才能，亦即创造、无中生有的才能。他所做的某些事情是不错的，但大部分事情却是不合时宜的。他看到了他的人民的野蛮，但是他看不到他们还没有成熟到文明的地步；当他们只应当经受战争的考验之时，他却想要让他们文明化。他本来应当先造就俄国人的，但他首先想要造就的是德国人和英国人；他说服臣民相信他们所是的，并非是他们真正的样子，从而永远地阻止了他们成为其能够成为的样子。一个法国教师也是如此培养他的学生的，他让他的学生在童年出类拔萃一阵子，之后却始终一无所成。俄国想要征服欧洲，最终被征服的是自己。它的臣民或者说是邻居鞑靼人将会成为它的主人，也会成为我们的主人。我认为这个革命势不可挡。欧洲所有的国王都共同致力于加快这个进程。

1　彼得（Pierre le Grand, 1672—1725），即彼得大帝，俄国沙皇彼得一世，被认为是俄国最杰出的沙皇，其实施的彼得改革主要在于科学技术、教育等的欧化，并因此使俄国成为强国。

第九章　续

　　正如自然赋予了体形良好的人身材的限度，超过这个限度的不是巨人就是侏儒；同样地，对于一个国家来说，考虑到它的最佳政体，它也有疆域的界限，以便它不至于因为太大而无法得到良好的治理，也不至于因为太小而无法自我维持。在任何政治体中都有一个无法超越的力量极限值，通常政治体会由于自身的不断扩张而远离这个值。社会纽带越延展就越松弛，一般情况下，小国相对地要强于大国。

　　无数的论据都揭示了这个准则。首先，远距离的行政更加困难，正如在杠杆更长的一端重量变得更加沉重一样。随着行政层级的增多，行政开支也变得更大，因为首先每个城市有需要人民负担的行政，每个州也有需要人民负担的行政，随后每个省，每个大区，巡抚府、总督辖区，层级越是上升，需要支付的就越多，而这些总是由不幸的人民来承担。最后是压倒一切的最高行政。如此之多的重负不断地耗尽臣民，而这些不同等级的行政远远没有将臣民管理得更好，还不如上面只有一个等级的行政时管理得好。但是，他们几乎没有余下的资源来应付非常情况，一旦他们有紧急需要时，国家便会时刻处于崩溃边缘。

不仅如此，不只是政府用来贯彻法律、阻止欺压、纠正恶习以及预防可能在偏远地区发生的叛乱举动的精力和威望减少了，而且人民对于他们从来都看不到的首领、在他们看来形同世界般广阔的祖国，以及其中大部分自己都不认识的同胞的感情也淡漠了。同样的法律并不适合如此多样的地区，它们有着不同的习俗，截然相反的气候条件，无法忍受同样的政府形式。不同的法律只会在人民之中造成纷争和混乱，因为他们生活在同一些首领的管理之下，彼此之间不断联系，互相往来通婚，服从其他的习俗习惯，永远都不知道自己祖上留下的遗产是否还属于自己。在这群通过最高行政总部聚集到同一个地方、但又彼此互不相识的民众中，人才被埋没，德行遭无视，恶行不受惩罚。事务繁重的首领无法亲自视察，官吏统治着国家。最终，为了维持普遍权威——这是如此多偏远地带官员意图摆脱或敷衍的——所必须采取的措施耗尽了所有的公共关怀，再也没有什么可用来关注人民的幸福了，也几乎不剩什么可用来在必要时捍卫人民了。正因为此，太过庞大的共同体会因其组织机构而衰弱，被自身的重负压垮，走向灭亡。

　　从另一方面来说，国家应当赋予自己某种基础，从而得以稳固，能够经受得住它免不了要经历的动荡，以及它为了自我维持必须付出的努力。因为所有的人民都具有一种离心力，这种力使得他们不断地互相作用，试图通过损害邻人来壮大自己，正如笛卡尔[1]的涡动论所说的那样。因此，弱者可能很快会被吞没，

1　笛卡尔（Descartes, 1596—1650），法国17世纪哲学家、物理学家、数学家，解析几何的创始人。代表作有《方法论》、《形而上学的沉思》等。

几乎没有人能够得以保存,除非是与其他所有人保持某种平衡,从而使得各方面的压力近乎相等。

由此可见,扩张和紧缩各有理由。找到这两者之间最有利于国家存续的比例可不是微不足道的政治才能。可以说,一般情况下,扩张的理由只是外部的、相对的,应当服从于紧缩的理由,亦即内部的、绝对的理由。首先要寻求的是健全而强大的政体,因此我们应当更加信赖一个好政府所产生的活力,而非辽阔领土所提供的资源。

此外,我们曾经看到有些国家有着这样的政体,它将征服的必要性纳入其国家建构本身。为了自我维持,它们只能不断地扩张。或许它们对这有利的必要性感到十分满意,但是,这也表明,当它们到达强盛的极限之时,也正是不可避免地衰落的时候。

第十章　续

我们可以用两种方式来衡量一个政治体：领土的面积和人民的数量。在这两种衡量方式之间，存在一种能够使得国家真正强盛的适当比例。人建立国家，土地养活人。因此，这个比例使得土地足以提供其居民的给养，而居民的数量与土地能够供养的数量相等。正是在这个比例中，存在着既定数量的人民力量的最大值。因为如果土地过多，那么土地的防护就会变得繁重，耕种不足，产品过剩，这也是形成防卫性战争的直接原因。如果土地不足，那么国家就要依赖邻国来弥补差额，这也是侵略性战争的直接原因。任何人民，若是根据其身处的地位只有贸易和战争两种选择的话，那么他本身就是弱小的，因为他要依赖于邻人，依赖于事件；他的存在是不确定的、短暂的。他或是征服别人从而改变处境，或是被别人征服，从而化为乌有。若要保持自由，要么成为小国，要么成为强国。

我们无法在数值上给出一个领土面积和人数之间互相满足的固定比例，一方面是因为土地的质量、肥沃的程度、产品的性质、气候的影响存在差别；另一方面我们也注意到，居民的体质各不相同，其中有的人生活在富饶的地方却消耗很少，有的人生活在不毛之地却消耗很多。还要考虑到妇女生育率的高低,考虑地区促进人口的程度,立法者可希冀通过其规范促进人口的数量,因此立法者不应当根据他目之所见作判断,而是应当根据他的预测作判断;他不应当太关注人口的现状,而是应当更加注意人口自然应当达到的状态。最后,还有无数发生地方特殊事件的可能,要求或允许人们拥有超过必需量的土地。因此,在山陵地区,人们可以大量扩展土地,因为那里的自然物产,亦即树林、牧草要求的劳力很少。经验告诉我们,山地的妇女生育能力要比平原地区的强。大片的坡地只有一小块平地可以指望种植植物。相反地,在海边人们可以紧缩土地,甚至是住在一些几乎寸草不生的砂岩地带。因为在那里,捕鱼可以弥补大部分的土地出产。居民应当更加集中,以便击退海盗;此外,也更方便通过殖民的方法使这个地区摆脱超过其负荷能力的居民。

除了以上这些创建人民的条件之外,还要加上一个,它不能替代任何其他的条件,但是没有它,其他任何条件都形同虚设,那就是人们必须享有富足和平的生活。因为国家安顿时期,正如军队形成时期,恰好是这个共同体抵抗能力最差也最容易被摧毁的时期。人们在绝对混乱时期的抵抗能力也要比酝酿时期强,因为在酝酿时期,每个人都只关注地位而不顾危险。在这个危机时刻,一旦战争、饥荒和叛乱突然发生,国家必然会遭颠覆。

但这并不意味着在这些风暴中没有很多政府成立,不过在这种情况下,恰恰是这些政府自己摧毁了国家。篡位者总是制造或是选择这些动乱时期,利用公众的恐惧,通过人民在冷静状态下决不会采纳的破坏性法律。因此,创建时刻的选择也是我们区分立法者作为与暴君作为的最可靠的特征之一。

那么何种人民适合立法？应当是那种已经通过某种起源、利益或和约的联盟结合在一起，却又不曾受到真正的法律束缚的人民；是那种没有任何根深蒂固的习俗或迷信的人民；是那种不怕受到突袭攻击的人民，虽然他不与邻国人民发生争执，但可以独自抵抗他们之中的任何一个，或是在其中之一的帮助下击退另一个；在这种人民中，每个成员都为全体所知，绝不会让一个人被迫承担超越他承受能力范围的重负；这种人民可以不需要其他的人民，所有其他人民也可以不需要他[1]；这种人民既不富裕也不贫穷，可以自给自足；最后，这种人民结合了旧人民的坚定和新人民的乖顺。立法工作的艰难更多的是在于它所要摧毁的东西，而不是要建立的东西。而成功之所以难得，是因为不可能找到与社会需求相结合的自然的单纯。确实，所有这些条件很难汇集到一起。因此，很少看到建构良好的国家。

然而在欧洲依然存在一个有立法能力的地方，那就是科西嘉岛。科西嘉勇敢的人民懂得收复和捍卫他们的自由，这样的才干和坚韧十分值得某个智者来教导他们如何保有自由。我有某种预感，有一天，这个小岛将会震惊欧洲。

---

1 如果相邻的两国人民，其中一个的存在不能没有另一个，那么这种情况对于前者来说太严峻，而对于后者来说又太危险。任何智慧的民族，在这样的情形下，很快会努力地使另一方从这种依赖中解脱出来。斯拉斯加拉共和国的领土被墨西哥帝国包围，宁愿不吃盐，也不愿从墨西哥人手里买盐，甚至是不愿接受他们无偿赠送的盐。智慧的斯拉斯加拉人看到了这种慷慨大方背后隐藏的陷阱，他们保存了自由。而这个封闭在大帝国内部的小国家，最终成了导致帝国灭亡的工具。——原注

第十一章 论各种立法体系

如果有人探究所有人的最大利益,即所有立法体系的目的所在的话,他们会发现,可以将之简化为以下两点主要内容:自由和平等。自由,是因为任何个人的依赖都意味着从国家共同体夺走力量;平等,是因为没有平等,自由无法继续存在。

我已经说过什么是公民的自由;至于平等,不应当将这个词理解为是权力和财富的绝对相等,而是指就权力而言,它不能演变为任何暴力,并且永远只能根据身份和法律行使;就财富而言,任何公民都不可能富裕到足以购买另一个公民,也没有任何一个公民穷苦到被迫出卖自己[1]:这就要求大人物减少财富和影响;而小人物则收敛贪欲和觊觎。

他们说,这种平等是一种思辨的空想,无法在实践中存在。但是既然滥用不可避免,那么难道不应该至少对它做出规定吗?这正是为何事物的力量总是倾向于摧毁平等,而立法的力量则始终应当倾向于维持平等。

---

1 那么你想赋予国家稳定吗?尽可能地减少两极之间的差距吧,既不容忍豪富,也不容忍赤贫。这两种状态天然不可分割,对共同利益同样致命。从前者中会产生暴政的支持者,而从后者中则会产生僭主。公共自由的交易永远都在这两者之间进行,一个购买自由,另一个出售自由。——原注

这些是所有良好的法制都有的普遍目标,对此,每个国家都应当根据地方情况以及居民性格所产生的关系进行修正,应当根据这些关系规定各国人民特定的法制体系。或许这个体系本身并不是最好的,但对于适用的那个国家来说它是最好的。比如,土地是否贫瘠得寸草不生,或者地方对于居民来说太狭小了?那么转向发展工业和工艺吧,你们可以用这些产品来换取你们所缺乏的食品。相反地,你们是否占据富饶的平原和肥沃的山坡?良田上缺乏居民?那么将你们所有的关怀都放在能够增加人口的农业上吧,赶走工艺吧,它会将国家所拥有的一点居民聚集到国土的几个点上,最终只能使国家的人口减少[1]。你们是否占据广阔而便利的海岸?那么将海面布满船只,发展贸易和航海吧,你们将拥有辉煌而短暂的生命。你们所拥有的海岸只有无法攀登的岩石吗?那么维持野蛮人的状态,以鱼为主食吧,你们会生活得很平静,但或许会更好,必定会更加幸福。简言之,除了对所有人都适用的准则之外,各个民族自身都拥有某种缘由,它以独特的方式对他们做出安排,并且成就了他们各自所特有的立法。因此,过去的希伯来人和最近的阿拉伯人都将宗教作为他们的主要目标,雅典人的主要目标是文艺,迦太基[2]和提尔[3]的是贸易,罗得岛[4]是航海,斯巴达是战争,罗马则是德

---

1 阿尔让松侯爵说:"一般说来,任何一种对外贸易对于王国几乎都只施以虚假的利益,它能够让某些个人,甚至是几个城市富裕起来,但是整个国家并不能从中获利,人民更不会从中得到什么好处。"——原注

2 迦太基(Carthage),位于非洲北海岸,今突尼斯。约公元前814至前813年由提尔的腓尼基人建立。

3 提尔(Tyr),今名苏尔,古代腓尼基著名城市,在黎巴嫩境内。

4 罗得岛(Rhodes),希腊岛屿,在爱琴海东南端,首府罗得。古代为强大的海上城邦,爱琴文明的起源地之一。

性。《论法的精神》的作者曾经用无数的例子表明，立法者是如何以高超的手段将法制导向每个这种目标的。

令一个国家的政体真正稳固持久的是，行为准则得到严格的遵守，以至于自然关系和法律总是在某些共同点上达成一致。也可以说，法律只不过是保障、配合以及纠正自然关系。但是，假如立法者搞错了他的目标，采用了一个非源自事物的本然的原则，从而一个倾向于奴役，另一个倾向于自由；一个倾向于财富，另一个倾向于人口；一个倾向于和平，另一个倾向于征服；那么我们将会看到法律逐渐式微，政体变质，国家不断地陷于动乱之中直至灭亡或改变，不可战胜的自然夺回它的统治权。

第十二章　法律的分类

为了规范好一切，或者说赋予公共事物可能的最佳形式，需要考虑多种关系。首先，整个共同体的行为作用于它自身，也就是说，整体与整体的关系，或者说是主权者与国家的关系，这种关系由一些居中的关系构成，接下来我们将对此进行研究。

规范这种关系的法律称为政治法，如果这些法律明智的话，称之为基本法也不是没有几分道理。因为如果每个国家只有一种好的方式可以规范这种关系，那么人民一旦找到它，就要坚持它。但是，如果已经建立的秩序是坏的，那么为何要将一些阻止秩序变好的法律视作基本法呢？此外，在任何情况下，一国人民永远都是更改其法律的主宰，即便是最好的法律，因为如果他乐意损害自己，谁又有权阻止他那么做？

第二种关系是成员之间或者成员与整个共同体之间的关系。前者应当尽可能无关紧要，而后者则应当尽可能重大。从而每个公民相对于其他公民都完全独立，但是对于城邦却极其依赖。这些始终都是通过同样的方法来实现的，因为只有国家的力量才能为它的成员创造自由。从这第二种关系中产生了民事法律。

我们可以考虑第三种人与法律之间的关系，亦即不服从与刑罚之间的关系，这种关系使得刑法得以确立。刑法在本质上与其说是一种特殊的法律，不如说是对所有其他法律的认可。

　　除了以上三种法律之外，还要加上第四种法，也是所有法律中最重要的一种，它既不镌刻在石碑上，也不镌刻在铜表上，而是镌刻在每个公民的内心，它是真正的国家根本法，它每天都获得新的力量，当其他法律暮气沉沉或者趋于消亡的时候，它能够恢复它们的活力，或者替代它们；它能够保持人民的法制精神，不知不觉地用习惯的力量替代权威的力量。我所说的是习俗、习惯，尤其是舆论，这部分法不为我们的政治家所知，但是所有其他部分的法的成功都有赖于它，伟大的立法者虽然看起来似乎局限于一些特殊法规，实际却在暗暗关注它，因为前者只是穹顶上的横梁，而缓慢生成的习俗却最终形成了它无法撼动的拱顶石。

　　在这些不同的法律分类之中，只有构建了政府组织形式的政治法与我的主题相关。

第三卷

在谈论政府的多种形式之前,让我们先尽力确定"政府"这个词的确切意义,因为还不曾有人对它做出很好的解释。

第一章　政府概论

我提醒读者，这一章要平心静气地阅读，对于不想专心细读的人，我不知如何解释清楚。

任何自由行为都有两个共同促成它的原因：其一是精神原因，亦即决定行为的意志；其二是身体原因，亦即实施行为的能力。当我朝一个目标行进之时，首先，我应当自己想去；其次，我的脚能够带我去。不管是一个瘫痪的人想要奔跑，还是一个矫健的人不想奔跑，他们都只会留在原地。政治体也拥有同样的动因：在这里我们同样可以分为力量和意志，其中后者称为立法权，前者称为行政权。没有这两者的合作，任何事情都无法成就，或是不应当成就。

我们已经看到，立法权属于人民，且只能属于人民。相反地，通过之前确立的原则很容易发现，执行权不能像立法权和主权那样属于全体公民，因为这种权力仅仅由个别协议形成，不属于法律的权限范围，因此也不属于主权范围，主权的所有协议都只能是法律。

因此，公共力量需要有专门的代理人将它聚集起来，并且按照普遍意志的指示运用它；它负责国家和主权者之间的联络，从某种意义来说，它对于公共人所起的作用类似于灵魂和肉体的结合在人身上所起的作用。这就是国家中政府存在的理由。虽然政府被不适宜地与主权者混为一谈，但政府只是主权者的执行人。

那么政府是什么？政府是一个为了臣民和主权者的相互一致而在他们之间建立的居间体，负责法律的执行和自由的维护，不管是社会自由还是政治自由。

这个群体的成员称为行政官或**国王**，也就是说**执政者**，整个居间体称为**君主**[1]。因此，那些声称人民服从首领所依据的约定根本不是契约的人，是十分有道理的。这绝对只是一种授权，一种职位，在这个职位上他们只是主权者的普通官员，作为他的受托人、以他的名义行使权力。而且，只要主权者乐意，他可以限制、更改或者收回这种权力。主权者的这种权力的转让与社会共同体的本质不兼容，同时也与结合的目标相悖。

因此，我将执行权的合法行使称为政府或是最高行政，将负责这项行政的人或群体称为君主或行政官。

居间力量存在于政府之中，其比例关系构成了整体对整体的比例，或者说主权者对国家的比例。我们可以用一个连续等比的两个外项之间的比来表示这后一种比例，而比例式的比例中项就是政府。政府从主权者那里收到命令下达给人民；为了国家能够处于良好的平衡之中，必须在一切相互抵消之后，政府与其本身的乘积或幂与一方面是主权者、另一方面又是臣民的

1　因此在威尼斯，即便是总督不出席的时候，人们也将大议会称为"最尊贵的君主"。——原注

公民之间的乘积或幂相等。

此外，只要改变三项中的任何一项，必然会即刻破坏这一等比关系。如果主权者想要实施统治，或是行政官想要制定法律，或者臣民拒绝服从，那么混乱将会替代规则，力量和意志将再也不会一致行动，而遭遇解体的国家也会因此陷于专制主义或无政府主义之中。最后，由于在每种比例关系中都只有一个比例中项，在一个国家中也只可能有一个好的政府，但是，由于无数的事件都可能改变人民的比例关系，因此不同的政府不仅可能适合不同的人民，也可能在不同的时期适合同一国人民。

为了设法让人了解在两个外项之间起支配作用的不同比例，我将以人民的数量为例，这是一个比较容易解释的比例。

假设国家由一万个公民组成。主权者只能作为集合和整体的概念考虑，但是每个个人作为臣民是被视作个体的。因此，主权者与臣民的比例就是一万比一，也就是说，每个国家成员在主权中只占万分之一的份额，尽管他要完全地服从于主权。假设人民由十万个人组成，臣民的状态不会改变，每个人同样要承受一切法律的绝对权威，而他的表决权却减至十万分之一，因此对于法律编纂的影响力缩减到原来的十分之一。此时，臣民依然是一，但主权者的比例则因为公民数量的增加而增长了。由此可见，国家越是壮大，自由越是削弱。

当我说比例增长的时候，我的意思是它远离了平等。因此，在几何学含义中的比例越大，在普遍含义中的比例就越小。在第一种含义中，比例根据数量来考虑，通过指数来衡量；在第二种含义中，它则是根据恒等来考虑，通过相似性进行评估。

然而,个别意志与普遍意志,也就是说习俗与法律之间的关系越疏远,那么镇压的力量也应当增加。因此,政府若是要成为一个好政府,就必须随着人民数量的壮大而相对更强。

从另一方面来看,国家的壮大赋予公共权力的受托人更多的诱惑以及滥用权力的方法。政府应当拥有的遏制人民的力量越大,主权者应当拥有的遏制政府的力量也越大。我在这里所说的并不是绝对力量,而是国家各个部分的相对力量。

从这种双重比例关系中得出,主权者、君主和人民之间的连比关系绝对不是一个任意的概念,而是政治体本质的必然结果。还可以得出,两个外项之一,亦即作为臣民的人民表现为一个固定的整体,每当双重比例增大或减小的时候,单一比例也同样地增大或减小,中间项也随之发生改变。从而我们看到,不存在单一绝对的政府组织形式,而是根据国家大小的不同,存在同样多的性质不同的政府。

如果有人嘲笑这个体系说:为了找到这个比例中项并形成政府实体,我认为只应当获取人民数量的平方根,那么我的回答是:我在这里采用这个数字只是为了举例,我所说的比例不仅仅是通过人数来衡量的,而是通常根据行动量来衡量的,而行动量又与大量的动机相结合;此外,虽然说为了简明地表达我的观点,我借用了几何学的用语,但是,我也知道,几何的精确性在精神的计量方面无用武之地。

政府是包含它的那个大型政治体的缩微。它是一个具有某些才能的法人,积极的时候如同主权者,消极的时候又如同国家。我们可以将它分解为其他类似的比例,由此从中产生一种新的比例,根据机构层级,新的比例中还产生另一种比例,直至到达一个不可分割的比例中项为止,也就是说到达唯一的首领或最高行政官,我们可以想象他在这个级数中,如同分数级数和整数级数之间的"一"。

我们不必在大量的专业用语中纠缠不清,只需将政府视作国家中的新团体,与人民和主权者相区别,同时又是这两者之间的居间体就足够了。

在国家和政府这两个实体之间存在着这样一种本质的差别:那就是,国家因其自身而存在,而政府则只因主权者而存在。因此,君主的统治意志只是或只应当是普遍意志或法律,他的力量只是集中在他身上的公共力量;一旦他想自己获得某种独立而绝对的行为,整体的联系就会松散。假如最终君主的个人意志比主权者的意志还要活跃,而为了服从于这个个别意志,他滥用了自己手中的公共力量,以至于可以说人们拥有了两个主权者,一个是法律上的,另一个则是事实上的。此时社会的结合消亡,政治体也随之解体。

但是,为了使政府实体拥有生命,一种有别于国家共同体的真正的生命,为了它的所有成员能够一致行动响应自身得以创建的目的,政府需要一个特殊的我,它的成员需要一种共同的政见,一种力量,一种特有的力求保存自我的意志。这种特殊的存在以集会、议会、审议权和决议权、权利、头衔以及专属于君主的特权的存在为条件,这些特权使得行政官越是处境艰难,其地位就越是尊贵。困难在于如何在整体中安排这个附属的整体,使得它在加强自身组织机构的时候一点也不损害整体的组织机构；使得它总是能够区分用于自身保存的个别力量和用于国家保存的公共力量；简言之，它应当时刻准备着为了人民牺牲政府，而不是为了政府牺牲人民。

此外，尽管政府这个人工体是另一人工体的产物，在某种意义上它只有非自然的、从属的生命，但这并不妨碍它能够以或多或少的力量和威望行为，也可以说，享有或多或少强健的体魄。最后，在不直接远离其创建目标的前提下，它可以根据它的组织形式或多或少偏离这个目标。

从所有这些区别中产生了政府与国家共同体之间应有的各种比例，这些比例根据国家本身发生改变所依据的特殊或偶然比例而多样化。因为，假如政府的比例不根据它所属的政治体的缺陷而改变的话，那么往往本身最佳的政府会变成最堕落的政府。

第二章　论不同政府形式的组织原则

.

为了阐明这些差别产生的一般原因，在这里必须区分君主和政府，正如我之前区分国家和主权者那样。

组成行政官团体的成员人数可多可少。我们已经说过，主权者对臣民的比例随着人民数量的增多而增大，根据明显的类似性，在政府对行政官的比例上，我们也可以这样解释。

然而，政府的总体力量始终都是国家的总体力量，绝不改变。由此可见，政府在自己的成员身上耗费的这种力量越多，余下来运用在人民身上的就越少。

因此，行政官的人数越多，政府就越弱。这是个基本准则，因此，我们将尽力对此作进一步阐释。

在行政官身上，我们可以区分三种本质不同的意志。首先是个人本身的意志，它只倾向于自己的个人利益；其次是行政官的共同意志，它仅仅与君主的利益相关，我们可以称之为团体意志，相对于政府来说，它具有普遍性，但相对于政府只是其一部分的国家来说又具有个体性；最后是人民的意志或最高意志，不论是相对于被视作整体的国家，还是相对于被视作整体一部分的政府，它都具有普遍性。

在一个完美的立法中，个别意志或者说个人意志应当是无效的，政府特有的团体意志应当具有强烈的从属性，因此，普遍意志或最高意志应当始终处于主导地位，并且是所有其他意志的唯一准则。

相反地，根据自然秩序，这些不同的意志越是集中就越活跃。因此，普遍意志始终是最弱的，团体意志排第二位，个别意志最强。从而，在政府中，每个成员首先是他自己，然后是行政官，最后才是公民。这个次序与社会秩序所要求的截然相反。

假定整个政府都落在唯一的一个人手里，那么个别意志和团体意志就完美地结合到了一起，从而后者也达到了它所能达到的最高强度。但是，由于力量的运用依赖于意志的等级，而政府的绝对力量完全不变，从而最活跃的政府就是一个人的政府。

相反地，如果我们将政府与立法权合并，把主权者变成君主，把所有的公民都变成行政官，那么团体意志就与普遍意志混为一体，从而也不会比普遍意志更活跃，并因此使得个别意志达到力量最强的状态。因此，始终拥有同一绝对力量的政府，将处于相对力量或活跃性最低的状态。

这些比例不容置疑，其他方面的考察将进一步对此加以确认。比如，我们看到，每个行政官在他的团体中比每个公民在他的共同体中更为活跃，从而个别意志对于政府行为的影响力比对主权者行为的影响力更大。因为，每个行政官几乎都始终承担政府的某项职能，而公民不单独承担任何主权的职能。此外，国家愈扩张，它的实际力量愈大，尽管它的力量并不与疆域成比例。但是，如果国家不变，那么行政官的增多就徒劳无益了，政府不会因此获得更大的实际力量，因为这种力量就是国家的力量，这两者的衡量标准始终相同。因此，政府的相对力量或活跃性降低，它的绝对力量或实际力量并不增加。

还可以确定的是，负责的人越多，事务处理得越慢。由于太过慎重，人们对于好机会不够重视，从而让许多机会流失；又由于不断地商讨，反而往往失落了商议的结果。

我刚刚证明，政府随着行政官的增多变得松散，而在此之前我也证明了人民的数量越多，镇压的力量也应当越大。由此可见，行政官对政府的比例应当与臣民对主权者的比例相反，也就是说，国家越大，政府就越应当紧缩，从而使得首领的数量随着人民数量的增多而减少。

此外，我在这里只谈论政府的相对力量，而不谈它的公正。因为相反地，行政官越多，团体的意志就越接近普遍意志；而在单一的行政官的管理之下，正如我之前所说的，这个团体意志只不过是个别意志。因此，得之桑榆，失之东隅。立法者的艺术在于懂得确定政府力量和意志的状态，使得始终成反比的这两者，以最有利于国家的比例相结合。

第三章 论政府的分类

在上一章，我们已经探讨了根据组成人员的数量来区分不同类型或形式的政府的原因，本章要探讨的是如何划分这些政府。

首先，主权者可以将政府的事务托付给全体人民，或者是绝大部分人民，使得行政官公民的数量多于个别单纯的公民。我们将这种政府形式称为民主制。

或者，主权者也可以将政府压缩在少数人手里，使得单纯的公民的数量多于行政官的数量，这种政府形式称为贵族制。

最终，主权者也可以将整个政府集中在一个单一的行政官的手里，而其他人则从他那里获得他们的权力。这第三种形式最为普遍，称为君主制或王权政府。

我们应当注意到，所有这些形式，或者说至少前两种形式或多或少可以变动，甚至具有一个比较宽泛的变动幅度，因为民主制可以容纳全体人民或是紧缩到半数人民；而贵族制则可以从半数人民紧缩到不定的最小数量的人民。君主制本身可以接受某种权力分享，斯巴达根据其宪法一直都有两位国王；我们看到，在罗马帝国中甚至达到了同时有八个皇帝，却不能因此说帝国四分五裂了。因此，每种政府形式都与下一种政府形式在某点上相混同，我们看到，虽然从名称上来说，政府只分为三种，但事实上，国家拥有的公民人数有多少，政府的形式也就可能有多少种。

另有甚者，这个政府在某些方面能够细分为其他部分，各个部分可以采用不同的统治方式，因而从这三种政府形式中可以产生大量混合形式，其中每一种都可以与所有这些单一形式结合产生新的形式。

我们总是在何为政府的最佳形式的问题上争论不休，从而忽视了每种政府形式都是在某些情况下是最佳政府，而在另一些情况下是最糟糕的政府。

假设在不同的国家，最高行政官的数量应当与公民的数量成反比，那么一般来说，民主政府适合小国家，贵族政府适合中等国家，君主政府适合大国家。这个规则可以直接从原则中得出来。但是，如何计算造成很多例外的大量情况呢？

第四章　论民主制

制定法律的人应当比其他任何人都懂得如何执行和阐释法律。因此,最好的政体应当是执行权附属于立法权的政体,但也正因为如此使得政府在某些方面能力不足。因为,应当明确区分的事物并没有得到明确区分,可以说,合为一体的君主和主权者只形成一个没有政府的政府。

让制定法律的人执行法律不是一个好的做法,让人民共同体将它的注意力从整体视野转向个体事物亦非良策。没有什么比让私人利益影响公共事务更加危险的事情了,个人目的必然带来立法者的腐败,与此相比,即便是政府对于法律的滥用,其损害也微不足道了。在这种情况下,国家的实质变坏,任何改革都无济于事了。从不滥用政府的人民也不会滥用独立,一直治理有方的人民永远都不需要被治理。

根据"民主制"一词的严格意义,从来不存在、也永远不会存在真正的民主制。多数人统治、少数人被统治的现象有悖于自然秩序。我们无法想象人民为了解决公共事务而不断地聚集在一起;我们也很容易发现,若要为此设立授权机构,就必然导致行政形式的改变。

事实上，我认为能够确立如下原则：当政府的职能在多个层级之间分配，数量最少的那部分人迟早会取得最大的权力，即便这仅仅是因为迅速处理事务的便利性所造成的自然结果。

此外，这样的政府意味着要多少难以同时满足的前提条件啊！首先，国家要十分狭小，从而人民易于会聚一堂，每个公民都能够很容易地结识其他所有的人；其次，习俗要十分简朴，以防事务繁多、争论棘手；再次，在地位和财富方面十分平等，否则，权利和权力方面的平等就无法长期存续；最后，几乎或完全不存在奢侈。因为，奢侈要么是财富的结果，要么令财富成为必要；它通过占有欲腐蚀富人，同时又通过觊觎心腐蚀穷人；它使国家沦陷于怠惰和虚荣之中；它剥夺了国家所有的公民，让他们中的一些人奴役另一些人，而所有的人都受舆论的奴役。

这就是为何有个著名的作家[1]曾经将德性作为共和国的准则，因为没有德性，所有这些条件都无法存续。但是，由于没有作必要的区分，这位卓越的天才经常缺乏准确性，有些时候是不够明晰，看不到最高权力到处都同一。同样的原则应当在所有建制良好的国家实施，诚然，实施的程度或多或少要根据政府的形式而定。

我们要再加上一点，那就是没有什么政府比民主政府或人民政府更容易发生内战和内乱，因为没有什么政府比它更加强烈而持续地倾向于改变形式，也没有任何政府比它更需要警惕和勇气来维持自己的形式。尤其是在这种政体中，公民应当具

1　这里指孟德斯鸠，见《论法的精神》第三卷第三章。

备力量和韧性，在他生命中的每一天都要在内心深处重复一位道德高尚的省长[1]在波兰议会上所说的话："我宁要充满危险的自由，也不要安于宁静的奴役。"

如果存在由神灵组成的人民的话，那么他们可以实施民主的统治。但是，如此完美的政府不适合于人类。

1　波兹南省长，即波兰国王、洛林公爵的父亲。——原注

第五章　论贵族制

在这里，我们有两个截然不同的法人，即主权者和政府，从而也产生了两种普遍意志，一个是相对于所有的公民而言，另一个则仅仅是相对于行政成员而言。因此，尽管政府可以随心所欲地实施它的内部管理，但是，它永远只能以主权者的名义对人民说话，也就是说，以人民本身的名义，这一点它永远不能忘记。

最初的社会实施贵族制统治。家族首领之间商议公共事务，年轻人诚心诚意地服从经验的权威。由此产生了长老、长者、元老、老者等的称谓。北美的蛮族至今仍是实施这样的统治，并且统治得很好。

但是，随着制度的不平等超越了自然的不平等，财富和权力比年龄更受器重[1]，贵族制变成了选举式的。最终，父亲的权力和财产一同传给了孩子，从而产生了世袭家族，政府也就成为世袭政府，以至于出现了二十岁的元老院议员。

存在三种形式的贵族制，自然的、选举的和世袭的。其中第一种只适合纯朴的人民；第三种是所有政府之中最糟糕的；第

1　显然，"最理想" 这个词在古人那里并不意味着最佳，而是最强。——原注

二种则是最佳的：是真正意义上的贵族制。

除了可以对两种权力进行区分的优点之外，贵族制还有可以选择其成员的优点。因为在人民政府中，所有的公民生来就是行政官；但是贵族政府将行政官局限于少数人，而且他们只有通过选举[1]才能成为行政官；通过这种方式，廉洁、智慧、经验和所有其他获得公众尊重和偏爱的理由都将成为开明之治的新保障。

此外，集会变得更加方便，事务也能得到更好的商讨、更加有序而迅速的处理；德高望重的元老比默默无闻、受人轻视的民众更能维护国家在外的信誉。

简言之，让最明智的人来管理民众，只要我们确信他们是以民众的利益而非自己的利益为管理目标，那么这就是最自然、最好的秩序。不应当无谓地扩大他们的权限，也不应当将一百个挑选出来的人可以做得更好的事交给两万个人去做。但是，必须注意到，此时共同体利益根据普遍意志的规则指挥公共力量的情况开始变少，一种其他的不可避免的倾向夺走了一部分法律的执行力。

从具体的便利方面考虑，国家不宜如此狭小，人民也不宜如此纯朴和正直，以至于法律的执行直接听从公共意志，正如在一个好的民主制政体中那样。但国家也不应当太大，以至于分散各地的首领在实施管理的过程中，可以各自在他的管辖区摆出

---

1 通过法律来规定行政官选举的形式十分重要。因为若是将它置于君主的意志之下，那么这就不可避免地沦为世袭贵族制，正如在威尼斯和伯尔尼共和国所发生的那样。因此，威尼斯长久以来都是一个分崩离析的国家，而伯尔尼则依靠元老院的极度智慧得以维持，这是一个既十分可敬又相当危险的例外。——原注

主权者的姿态,先是取得独立,最终成为主人。

但是,即便贵族制所要求的德性比人民政府少,它也要求其他一些自身专属的德性,比如富人的适度和穷人的知足,因为似乎严格意义上的平等在此并不适宜,甚至在斯巴达也不遵守这样的平等。

此外,如果说这种形式包含某种财富的不平等,一般情况下那是为了将公共事务的管理委托给那些能够更好地投入全部时间的人,而不是如亚里士多德所声称的那样,为了富人永远占据优势地位。反之,相反的选择有时也可以教导人民,人的才能存在着一些比财富更加重要的优先理由。

第六章　论君主制

在此之前，君主被视作是一个通过法律的力量聚合的集体法人，国家执行权的受托人。现在，我们要考虑的是这种权力集中在一个自然人、一个真实的人的手里，并且只有他才有权根据法律行使它的情况。这个人就是我们所称的君主或国王。

与其他由一个集体存在代表个人的行政截然不同，在君主制中，一个人代表一个集体存在，以至于构成君主的精神统一体同时也是一个自然统一体，法律竭尽全力聚集在其他政府形式上的所有权力在它身上则自然而然地结合在一起。

因此，人民的意志、君主的意志、国家的公共力量以及政府的个别力量，一切都响应同一个动机，国家机器所有的动力都掌握在同一只手中，一切都朝同一个目标行进，不存在任何互相破坏的敌对运动。在其他的政体中，我们无法想象最小的努力能够产生最大的作用。阿基米德[1]安静地坐在河岸，不费吹灰之力就能拉动一条漂浮在河上的大船，这让我想到一个精明的君主在书房治理幅员辽阔的国家的情景，不动声色地推动着一切

---

[1]　阿基米德（Archimède，前287—前212），古希腊哲学家、数学家、物理学家，享有"力学之父"的美称。杠杆原理和浮力定律等的发现者。

运转。

但是,如果说没有任何政府比君主政府更具活力,那么也没有任何政府的个人意志比君主政府更具影响力、更加轻易地掌控其他意志。诚然,一切都向同一个目标行进,但是这个目标绝对不是公共福祉的目标,行政本身的力量不断地转过来损害国家。

国王想要独裁,有人远远地对他们喊:达到独裁目的的最好方法是获得你们的人民的喜爱。这条准则很崇高,从某些角度来看也很真实。不幸的是,在朝廷之上,它总是受到人们的嘲笑。来自人民的爱戴的力量无疑是最大的,但它也是不稳定的、有条件的,君主们永远不会就此满足。最好的国王也想能够随心所欲地变坏,但又不影响他们继续做主人。一个政治说教者若是对他们说,人民的力量就是他们的力量,他们的利益在于人民的繁荣昌盛、人丁兴旺、令人生畏,那是徒劳无功的;他们非常清楚,这不是真的。他们的个人利益首先在于人民的弱小、穷困、永远不能与他们相抗衡。我承认,假设臣民始终完全服从,在这种情况下,君主的利益在于人民的强大,因为人民的力量就是他们的力量,可以令他们对邻国产生威慑;但是,由于这种利益只是次要的、附属的,且这两种假设互不兼容,所以君主们自然会始终偏爱对他们最直接有用的准则。

这就是撒母耳[1]对希伯来人强烈指出的、也是马基雅维利清

---

1 撒母耳（Samuel）,以色列士师,也是以色列立国后第一位先知,军事家、政治家、宗教家。此处典故请见《圣经·旧约全书》中“撒母耳记”（上）第八章。——原注

楚地表达的道理。马基雅维利假装要告诫国王，实际上却是在教导人民。马基雅维利的《君主论》是共和主义者的宝典。

我们通过一般比例关系发现，君主制只适合大国，通过对君主制本身的考察，我们更是发现了这一点。公共行政越是人员众多，君主对臣民的比例越小，越趋向于相等，以至于该比例在民主制的情况下达到"一"或完全相等。这个比例根据政府的紧缩而增大，并且当政府集中在一个人手中时达到最大值。此时，在君主和人民之间存在的距离太远，国家失去了联系。为了构建联系，必须创建中间等级：亦即需要王公、大臣、贵族来填补。然而，所有这些都不适合小国家，因为这些等级会毁了小国。

但是如果说大国很难得到良好的治理，那么仅仅依靠一个人要想把大国治理好，更是难上加难。众所周知，国王为自己设立代理人的结果会是如何。

君主制有其不可避免的固有缺陷，正是这种缺陷使得君主政府始终低于共和政府。在共和政府中，公共意见几乎永远都只会将开明能干的人推到首要的位置上，而这些人也会卓越地履行他们的职能。相反地，在君主制中出人头地的往往都只是些糊涂蛋、骗子、阴谋家，他们依靠耍弄小聪明在宫廷里爬上高位，然而一旦到达那些位置，这些小聪明只会向公众表明他们的无能。在择人的问题上，人民犯错的可能性比君主要小得多，君主政府中真正有才能的人几乎同共和政府中占据首要地位的蠢蛋一样罕见。因此，在某种机缘巧合之下，某个具有治国天才的人执掌了君主制的政权，那么尽管这个君主国已经被一群糟糕的管理者败坏，人们依然会为他的谋略所震惊，他会开辟这个国家的新纪元。

君主制国家若要得到良好的治理，它的大小或疆域必须根据治理者的才能而定。征服比管理更加容易。只要杠杆足够，一根手指就可以撼动整个世界，但是要支撑起整个世界，必须要拥有海格力斯[1]的肩膀。一个国家只要稍微大一点，君主就几乎总是太小。相反地，当国家对于它的首领来说太小的时候——这种情况十分罕见——国家依然会治理得很糟糕，因为首领总是跟随自己的宏图伟略，忘记人民的利益，他滥用自己过剩的才能给人民带来的不幸不会比缺乏才能、智力有限的首领造成的不幸少。也就是说，王国在各个统治时期的扩张或紧缩是根据君主的能力而定的；相反地，元老院的才能具有更加固定的标准，国家可以拥有恒定的疆界，行政也不会变坏。

一人政府最为明显的不便在于缺乏这种连续的继承性，在其他两种政府中，这种继承性形成了一种不间断的联系。一个国王死了，必须要有另一个替代他，选举会造成危险动荡的间隔期，除非公民具有政府几乎不具备的大公无私、廉洁正直，否则阴谋诡计和徇私舞弊定会掺入其中。依靠贿买获得国家政权的人很难不将它再转卖给其他人，由此从弱者身上捞取钱财，以弥补强者从他那里讹诈去的损失。在这样的行政之下，一切迟早都会成为有价交易，此时人们在国王统治下所享有的和平比王位空缺期的混乱更糟糕。

为防止这些弊端，人们曾经采取了哪些措施，使王位在某些

1　海格力斯（Heracules），罗马神话中的赫丘利，宙斯与阿尔克墨涅之子，希腊神话中最伟大的英雄，力气非凡。现代语中，海格力斯是大力士的代名词。

家族中得以世袭,建立继承顺序,防止在国王驾崩时产生任何争端? 也就是说,用摄政的不便来替代选举的不便,宁愿选择表面的平静,也不要明智的行政。人们宁可冒险让小孩、恶人、笨蛋充当首领,也不愿意必须通过争论选出好的国王。他们没有考虑到,在冒这种选择的风险之时,几乎也就是让一切机会都于自己不利。老德尼[1]谴责小德尼做了可耻的事情,他说:"我给你做了这样的榜样吗?"儿子答道:"啊,你的父亲不是国王!"小德尼的这句话很合乎情理。

一个人若是被教育成为一个指挥他人的人,那么一切都致使他被剥夺公正和理性。据说,人们费尽心血教导年轻的君王统治的艺术,然而,这种教育似乎对他毫无裨益。最好还是先教导他们服从的艺术。名垂青史的最伟大的国王绝对不是受着统治术的教育长大的。这永远都是一门学得越是太多、掌握得越是太少的科学,服从比指挥更能让人掌握它。因为,辨别好坏最简便的方法就是扪心自问:如果当国王的人是你而不是别人,那么你要什么或不要什么。[2]

这种缺乏连贯性所带来的后果是王权政府的不稳定性,根据掌权的君主或为其实施统治的人的性格,忽而欣赏这个计划,忽而又转投另一个计划,无法长期地拥有一个固定的目标,也没有始终如一的行为。变动令国家总是朝令夕改,计划赶不上变化。在其他政府中,由于君主始终不变,因此并没有这种情况存在。因此我们发现,一般情况下,宫廷里的诡计多,元老院里的

1　德尼(Denis,葡萄牙语为Diniz,1261—1325),葡萄牙国王。
2　塔西佗:《历史》,第一卷。——原注

智慧多。共和国因其观点恒定并得到更好的遵循而稳步向他们的目标前进；但是，君主政府的每一次变革都会在国家中引起一场革命，所有君主政府以及几乎所有国王所共有的准则是：任何事情都要采取与他们的前任相反的对策。

从该非连贯性中还可以识破王权政治家十分熟知的一种诡辩，那就是他们不仅将公民政府比作家庭政府，把君主比作家长——这个错误已经遭到驳斥——而且还自由地赋予这个行政官他所需要的一切德性，始终将君主设想成他本来应该的样子：借助于这个假设，王权政府明显地优于其他政府，因为它不容置疑地是最强的政府，而且只要它的团体意志更加符合普遍意志，它就可以同时也是最好的政府。

但是，如果正如柏拉图[1]所说，国王从本质上来说是一个十分罕见的人物，那么要多少次天才与机遇的巧合才能让他享有这样的荣誉？如果王权教育必然会腐化接受这种教育的人，那么对于接受统治教育长大的那一班人，我们应当指望什么呢？因此，将王权政府与一个好国王的政府混为一谈那简直就是自欺欺人。要看清政府的本质，就必须将它置于才智平庸的君主的统治之下来考虑，因为他们就是以这个样子登上王位的，或者是王位让他们成为这个样子。

我们的作者们注意到了这些困难，但他们一点也没有因此而有所困扰。他们说，补救的方法在于默默地服从。上帝在愤怒之中造就了糟糕的国王，必须将他们视作是上天给予的惩罚

---

1 《政治篇》。——原注

来承受。这种言论或许很能感化人，但是我不知道它是否更适宜于布道坛而不是政治论著。如何评价一个许诺奇迹，但其所有的伎俩不过是劝说病人忍耐的医生？我们很明白，当拥有一个糟糕的政府之时，忍耐是必须的，但问题在于如何找到一个好的政府。

第七章　论混合政府

确切地说,根本不存在单一的政府。单一的首领必须有下级执行官,人民政府必须有一个首领。因此,在执行权的分享方面总是存在从多数人到少数人的层递,区别在于有时是多数人从属于少数人,有时是少数人从属于多数人。

有时存在权力分享均等,或者是政府各组成部分互相制约,例如英国政府,或者是每个组成部分的权力独立但不完全,比如波兰政府。后者的形式很差,因为在政府中根本不存在一致性,国家缺乏联系的纽带。

那么单一政府和混合政府哪一个更好呢?这是一个让政治家激烈争论的问题。对于这个问题,应当做出与我之前对于一切形式的政府的答复相同的回答。

单一政府本身之所以是最好的,正因为它是单一的。但是,当执行权对立法权失去了足够的依附性,也就是说,当君主对主权者的比例大于人民对君主的比例,那么必须通过分割政府的方式来纠正这个比例缺陷。这样的话,政府的各个部分对于臣民的权威没有减少,而分割则令这些部分力量的总和相对于主权者来说减弱了。

我们还可以通过设立居间行政官，预防这样的弊端。居间行政官使得政府保持它的完整性，他们只是被用来平衡两种权力，维持他们各自的权利。在这种情况下，政府并不是混合政府，它只是变得温和了。

　　我们可以通过类似的方法来补救相反的缺陷。当政府太松散时，设立层级机构令其集中。这种方法在所有民主制国家都有所实践。在前一种情况下，分割政府是为了削弱它，而在后一种情况下则是为了强化它，因为力量和衰弱的极限值同样存在于单一政府之中，相反地，混合政府产生的力量处于中等水平。

第八章　论没有任何一种政府形式
　　　　适合于所有的国家

　　自由并不是任何气候条件下都能长出的果实，因而也不是任何人民都能够拥有的。我们越是思考孟德斯鸠所建立的原则，就越能体会到它的真理性。我们越是质疑它，就越是有机会得到新的证据来确立它。

　　在世界上所有的政府中，公共人只消耗，没有任何产出。那么他所消耗的物质从何而来？从他的成员的劳动中来。个人的富余产生了公共的必需品。由此可见，只有当人的劳动产出比他们所需更多的东西时，公民国家才能存续。

　　然而，这种盈余在世界上各个国家并不一样。有些国家的盈余很多，另一些国家的盈余中等，还有一些国家根本没有盈余，另外还有的国家盈余为负值。这个比例取决于气候是否有利于土地的多产，土地所需要的劳作的类型，土地物产的性质，居民的力量，居民必需品消耗的多少，以及构成这个比例的其他类似的几个比例。

　　另一方面，不是所有政府的性质都相同，有一些是或多或少消耗性的，这种差别以另一个原则为依据，那就是公共赋税离它的税收来源越远越繁重。这种负担不应当根据征税的数量来衡量，而是应当根据赋税回到纳税人手里要经历的路程决定。这种循环若是迅速而稳定的，那么支出多少并不重要，人民始终富有，经济状况始终良好。相反地，不管人民献出的是多么少，若是这部分献出根本不会用到他们身上，他们只是始终付出，那么他们很快就会枯竭。国家永远不会富裕，人民始终穷困。

由此可见，人民与政府之间的距离越是增加，赋税就越是繁重。因此，在民主制中，人民的负担是最轻的；在贵族制中，人民的负担要更重些；在君主制中，人民的负担最重。因此君主制只适合富裕的国家，贵族制适合财富和幅员中等的国家，民主制适合贫穷的小国。

事实上，人们越是思索这个问题，越是能够发现自由国家与君主国家之间在这方面的差别。在自由国家，一切都致力于公共利益；在君主国家，公共力量和个人力量是互逆的，此消彼长。最后，专制主义管理臣民不是为了让他们幸福，而是为了使他们贫穷以方便对他们进行统治。

因此，在每一种气候下，都有确定政府形式的自然因素，气候的力量将国家带入某种政府形式。我们甚至可以根据这些自然因素确定它应当拥有何种居民。产出不敷劳动的贫瘠之地应当保持荒无人烟的状态，或者仅有野人居住。在人的劳动所获正好只能提供他们生活必需品的土地上，应当居住一些蛮族，任何文明政治在这里都是不可行的。在那些产出与劳动相抵后剩余中等的地方适合自由的人民，而那些居住在肥沃富饶、只要花很少的劳动就可以获得很大产出的地方的人，则愿意接受君主制的统治,从而君主的奢侈可以消耗掉臣民过多的剩余。因为这部分剩余最好是让政府消耗掉而不是被个人挥霍光。我知道存在一些例外情况,但是这些例外本身就证明了规则的存在,因为这些例外迟早会导致革命,从而将事物恢复到自然秩序。

让我们始终将一般法则与能够改变其结果的个别因素区分开来。即便整个南部都被共和国所覆盖,而整个北部都成为专制国家的天下,以下这个规则依然真实存在:气候效应导致专制适合炎热的国家,野蛮适合寒冷的国家,良好的政治适合中间地带。我还发现,当人们在原则上达成一致时,也可能在它的适用上产生争论。可能有人会说,也存在一些十分富饶的寒冷国家以及非常贫瘠的南部国家。但是,这个难题只有对那些不从事物的整体比例关系角度对事物进行考察的人来说才是难题。正如我之前所说,必须考虑劳动、力量以及消耗等的比例关系。

假设有两块相同的土地,其中一块带来的收益值是5,另一块是10;而第一块地的居民的消耗值是4,第二块地的是9,那么第一块地产出的剩余就是五分之一,而第二块地的是十分之一。因此,这两项剩余之比与两项产出比正好相反,产出只有5的土地的剩余是产出10的土地的两倍。

但是,问题不在于产量增倍,我不相信有人敢于一般地将寒冷国家的肥沃完全等同于炎热国家的肥沃。然而,也可以让我们先假设这种相等,将英国和西西里、波兰和埃及作权衡比较。再往南方是非洲和印度,而再往北方就没有什么国家了。在产出相等的情况下,在耕作方面有什么差别? 在西西里只需浅耕,但在英国,要花费多少心血精心耕作啊! 在需要更多劳动力才能获得同等产出的地方,剩余必然更少。

除此之外,我们还应当考虑到,在炎热国家,同等数量的人的消耗量要少得多。气候要求那里的人为了身体健康必须节制:想要在那里生活得如同在本国一样的欧洲人都会死于痢疾和消化不良。夏尔丹[1]说:"与亚洲人相比,我们是食肉动物,是狼族。有人将波斯人的节制归因于他们国家的耕种不足,相反地,我却认为,他们的国家粮食出产不富是因为居民需要得不多",他又说道,"如果他们的饮食节制是国家匮乏的结果,那么应当只有穷人才吃得少,而不是所有的人普遍如此;各个地区的人们的消耗量本应或多或少根据国家的肥沃程度,然而他们却是整个王国都同样的节制。"他们对自己的生活方式极为满意,声称只要看他们的肤色就可以确认他们的生活方式要比基督徒优越。事实上,波斯人的肤色是一样的,他们有着漂亮、细致而光滑的皮肤,而他们的臣民、采用欧洲生活方式的亚美尼亚人的皮肤则粗糙而遍布粉刺,他们的身体也是肥胖而粗笨。

越是靠近赤道,人民的生活所需越少。他们几乎不吃肉,大米、玉米、高粱、黍、木薯是他们的日常食物。在印度,有无数的人每天的食物只花一个苏[2]。我们看到甚至在欧洲,北方和南方人民在胃口方面都有着显著的区别。一个德国人的一顿晚餐可以让一个西班牙人生活一周。在居民食欲旺盛的国家,奢侈也转向消费的食品方面。在英国表现为满桌的肉食,而在意大利,人们则用甜食和鲜花来款待你。

1　夏尔丹(Jean Chardin,1643—1713),法国旅行家,著有《波斯与东印度游记》。

2　法国辅币名,今相当于1/20法郎,即5生丁。

衣着的奢侈也表现出类似的差别。在季节变化迅速而强烈的气候条件下，人们的衣服更加优质但也更加简单；在穿衣服只是为了装扮的气候条件下，人们更多的是追求光鲜而不是实用，衣服本身就是一种奢侈品。在那不勒斯，你每天都可以看到一些穿着镀金衣服却不穿袜子的人在博西利普山上散步。建筑物亦是如此。当人们不需担忧气候环境带来的损害之时，他们就费尽心思把房子弄得富丽堂皇。在巴黎和伦敦，人们想要的是住得暖和舒适；在马德里，人们拥有华丽的客厅，但没有一扇可以关上的窗户，他们睡觉的地方如同老鼠窝。

在炎热国家，食物营养丰富、多汁鲜美，这是第三个区别，并且对第二个区别不无影响。为何在意大利，人们要吃这么多的蔬菜？因为蔬菜好，有营养，口感佳。法国的蔬菜只用水浇灌，因此根本没有营养，在饭桌上几乎被忽略不计。但是它们占据的土地并不比意大利的蔬菜少，花费在种植上的精力至少一样多。我们有现成的经验：柏柏里[1]的小麦虽然比法国的小麦差，但是磨出来的面粉比法国的多，而法国的小麦磨出的面粉又比北方的多。从而我们可以得出结论：一般来说，从赤道至北极也存在着类似的渐变。然而，在产量相等的情况下出产的粮食量却更少，这难道不是显而易见的不利之处吗？

除了以上论述之外，我还可以再添加一点，它由以上论述引发，但同时又反过来证实了以上论述。那就是炎热国家所需的土地数量比寒冷国家的少，但可以养活更多的居民，从而产生了

1　北非的旧称。

始终有利于专制主义的双重剩余。同样数量的居民占有的土地面积越大,叛乱就越是难以发生;因为人们无法迅速而秘密地商谈,政府总是能够很容易地识破阴谋,切断联系。人数众多的人民越是集中,政府越无法僭越主权者。首领们在他们的房间里商议正如君主在他的枢密院议事一样安全,民众可以像军队集结到军营那样立刻聚集到广场上。因此,专制政府的优势在于远距离作用。借助于它为自己创设的支点,正如杠杆力一样,距离越远,它的力量越大。[1]人民的力量则相反,它只有在集中的情况下才发生作用,越是范围扩展,就越蒸发消散,正如火药散落在地面,只能星星点点地着火。因此,人口稀少的国家最适合专制,凶猛的野兽只有在沙漠里称王。

---

1 这点与我之前在第二卷第九章中关于大国的弊端的论述并不矛盾。因为之前我谈的是政府对于其成员的权威,而这里谈的是政府针对臣民的力量。政府分散的成员充当它的支点,从而可以远距离地作用于人民;但是它不具有任何直接作用于这些成员的支点,因此,在这种情况下,杠杆的长度会造成政府的虚弱,而在前一种情况下,杠杆的长度会造就它的力量。——原注

第九章　论好政府的标志

　　因此,若是有人非要问最好的政府是哪一种,那么他提的这个问题既没有答案也不明确。或者也可以说,人民绝对和相对地位组合的可能性有多少种,就有多少种正确答案。

　　但是,如果有人问,我们可以根据什么标志来了解某一既定的人民被管理得好坏与否,那是另外一回事,这个事实问题是可以解决的。

　　但是,人们根本不会解决这个问题,因为每个人都想用自己的方式去解决它。臣民赞赏国家的安宁,公民赞赏个人的自由;一个偏爱财产的安全,另一个偏爱人身的安全;一个希望最好的政府是最严厉的政府,另一个主张最好的政府是最温和的政府;一个希望惩罚犯罪,另一个希望预防犯罪;一个认为让邻国惧怕是好事,另一个更希望不被注意;一个对金钱流通感到满意,另一个要求人民有面包吃。即便人们能够在这些方面或其他类似问题上达成一致,难道就因此在问题的解决上有所进展了吗? 由于精神数量缺乏确切的尺度,就算我们可以在标志上达成一致,那在评估上又如何达成一致呢?

　　我一直惊讶于人们无法识别如此简单的标志,或者说他们恶意地不肯承认。政治结合的目的是什么？是其成员的存续和繁荣。那么他们得以存续以及繁荣昌盛的最可靠的标志是什么？是他们的数量和人口。因此，不要去别的地方寻求这个颇具争议的标志。假设其他的一切条件相等，在这个政府的统治之下，尽管没有外来的援助、没有外人入籍、没有殖民地，公民依然繁衍增多，那么这个政府必然是最佳政府；若是在这个政府的统治之下，人民减少或衰弱，那么它就是最差的政府。计算师们，现在是你们的事情了，计算、衡量、比较吧。[1]

---

1 我们应当根据同样的原则判断哪些世纪是人类兴旺繁盛的世纪。人们太过欣赏那些文学艺术兴盛的世纪，却没有深入了解其文化的隐藏目的，也没有考虑其灾难性后果。"傻瓜才会将奴役的开始视作人文的发展。"难道我们不曾从书籍的箴言中看出促使作者说话的赤裸裸的利益吗？不，不管他们说什么，假如一个国家尽管辉煌，但居民人数日益减少，那就不会真的一切都好。一个诗人拥有十万利弗尔年金并不足以说明他的世纪就是最好的世纪。应当要看整个国家的福利，尤其是人数最多的那些国家的福利，而不是表面的安宁和首领的安稳。冰雹使几个地区沦为废墟，但是它极少会带来饥荒。暴乱、内战使首领饱受惊吓，但它们不会给人民带来真正的不幸，甚至当人们争夺专制统治权时，人民还能松懈一会儿。只有人民的持续状态才会造就真正的繁荣或灾难。当一切都处于被枷锁压垮的状态时，一切都日趋衰亡，首领随心所欲地摧毁他们，"他们把国家变成废墟并称之为太平"。当大人物的纠纷弄得法兰西王国动荡不安，当巴黎的主教助理怀揣匕首出席议会的时候，也并不妨碍法国人民过着人丁兴旺、自由小康的幸福生活。过去希腊人在最为残酷的战争中繁荣昌盛，那里血流成河，整个国家还是人口众多。马基雅维利说："在谋杀、流放和内战之中，我们的共和国变得更加强大。"他们的公民的德性、习俗以及独立性对国家所起的巩固作用，比一切争端对它所起的削弱作用还要大。有一点动荡反而会给生命注入活力，真正让人类繁荣的不是和平，而是自由。——原注

第十章　论政府的滥用职权与蜕化倾向

由于个别意志不断地与普遍意志对立，政府也不断地与主权者作对。这股对立力量越是增大，政体就越是变坏。由于这里不存在其他对抗君主意志的团体意志来与之抗衡，最终君主迟早会镇压主权者，破坏社会条约。这就是政治体固有的、不可避免的弊病，自它诞生时起，这个弊病就不懈地试图摧毁它，正如衰老和死亡最终摧毁一个人的躯体那样。

存在两条政府蜕化的一般路径：亦即，政府紧缩和国家解体。

当政府人数由多变少，也就是说，从民主制变成贵族制以及从贵族制变成君主制时，政府发生紧缩。这是它的自然趋势。[1]

1　威尼斯共和国在潟湖中的缓慢形成和发展过程为这种更替提供了重要的例证。令人十分惊讶的是，自一千两百多年以来，威尼斯人似乎还停留在自1198年大议会关闭之后开始的第二阶段。至于人们所指责的威尼斯人古代的大公，不管《威尼斯自由论》是如何评价他们的，事实证明他们绝对不是威尼斯人的主权者。

必然有人会驳斥我说，罗马共和国的发展进程恰恰相反，它是从君主制走向贵族制，又从贵族制走向民主制的。我远远不这么认为。

罗慕路斯最初建立的是一个混合政府，它迅速地蜕变成了专制政府。由于一些特殊原因，国家过早地消亡了，正如一个新生儿还没成年就夭折了。塔奎尼乌斯王朝被驱逐标志着共和国的真正诞生。但是它最初并没有恒定的形式，因为还没有废除贵族阶级，所以事业才完成了一半。这样，合法行政制度中最糟糕的世袭贵族制与民主制依然处于冲突之中。正如马基雅维利所证实的那样，始终漂浮不定的政府形式直到建立保民官的时候才得以固定，此时才有了一个真正的政府和真正的民主制。事实上，当时的人民不仅是主权者，还是行政官和法官，元老院只是一个缓和及抑制政府的下级裁判机构。执政官本身虽然是贵族、首席行政官以及战争时期的绝对统帅，但在罗马只不过是人民的主席。（转下页）

若是政府的人数变化逆向,亦即由少变多,那么我们可以说政府变得松散了,但是这种演变是不可能的。

事实上,政府从来只有在精力耗尽、过于虚弱无法保存其现有形式的情况下才会改变其形式。然而,若是它在扩张时进一步松散,那么它的力量就会化为乌有,它就更加维持不下去。因此在政府变得虚弱之时应当给它紧紧发条,恢复力量,否则,政府所支撑的国家就会没落。

国家的解体可以表现为两种方式。

第一种,当君主不再依法治国、篡夺了主权权力时。这时就会发生显著的变化,那就是,并非政府,而是国家紧缩了,我的意思是大国解体了,因此在原来的国家中形成了另一个仅仅由政府成员组成的国家,对于余下的人民来说,它只是他们的主人或暴君。从而自政府篡夺主权那一刻起,社会契约遭到破坏,所有当然地回归他们的自然自由的普通公民被迫服从,而不再是基于义务而服从。

当政府成员各自篡夺他们只应当共同执行的权力时,也会发生同样的情况。这就不是微不足道的违法行为了,还会导致更加严重的混乱。可以说,此时的君主和行政官一样多,国家与政府一样分崩离析、趋向灭亡或是改变形式。

当国家解体,不管是何种政府滥用职权的行为都被称为无

（接上页）自那以后,我们也发现政府顺着它的自然倾向强烈地趋向于贵族制。贵族阶级似乎是自动消除了,贵族制不像在威尼斯和热那亚那样存在于贵族共同体中,而是存在于由贵族和百姓组成的元老院共同体中;甚至当保民官开始篡夺当权者权力时,存在于保民官共同体中;因为名称并不能改变事物,人民拥有为他们管理国家的首领时,不论这些首领顶着什么头衔,这始终是贵族制。

从对贵族制的滥用中产生了内战和三头统治。苏拉、尤利乌斯·恺撒和奥古斯都都在事实上成为了真正的国君,最终在提贝留乌斯的专制统治下,国家解体了。因此罗马历史并没有违背我的原则,而是确认了我的原则。——原注

罗慕路斯（Romulus,约前771—717）,与雷穆斯（Remus）同为罗马神话中罗马市的奠基人。

政府。若是加以区分的话,有民主制蜕化为**群氓制**以及贵族制蜕化为**寡头制**。我还要补充一点,那就是王权蜕化为**专制**。但是这最后一个词含糊不清,需要加以解释。

从普通意义上来说,暴君是一个无视公正和法律、用暴力治理国家的国王。从确切意义上来说,暴君是一个僭取他无权获得的王权的个人。因此,希腊人是如此这般理解暴君这个词的:他们将暴君这个词不加区分地授予没有合法权力的君主,不论他们是好是坏。[1]

因此,**暴君**和**篡位者**是两个意义十分相近的词。

为了给予不同的事物不同的名称,我将王权的篡夺者称为**暴君**,将主权的篡夺者称为**专制主**。暴君是违背法律干涉依法治国的人;而专制主则是将自己置于法律本身之上的人。因此,暴君不一定是专制主,但专制主始终是暴君。

---

1 "凡是在一个自由城邦中终身掌权的人,都可以称作或视作是暴君。"科·尼波斯:《米提阿底斯》。确实,亚里士多德(《尼各马可伦理学》第八卷,第十章)将暴君与国王做了区分,前者为了自己的利益实施统治,后者仅仅是为了他的臣民的利益而统治。但是,不仅一般情况下所有的希腊作者都从另一个意义角度使用这个词,正如尤其是色诺芬的《西罗》里那样;而且,根据亚里士多德的区分可以推断出,自世界之始,还不曾有过一个国王。——原注

第十一章 论政治体的灭亡

即便是有着最佳政体的政府，灭亡也是其不可避免的自然趋势。既然连斯巴达和罗马都灭亡了，还有什么国家有希望永世长存呢？既然我们想要形成的是一个持久的机构，那么就绝对不要想让它永存。为了成功，就不要对不可能的事抱有幻想，也不要自诩能够给予人类的作品坚固性，因为那是人类的事物所不具备的。

政治体正如人的身体一般，一出生就开始了走向死亡的历程，并且本身就包含着导致自身毁灭的原因。但是这两者都可以有或多或少强健的、令其生存得长久的机体。人的肌体是自然的作品，而国家的政体则是艺术的产物。人的寿命的延长由不得自己，但是人可以通过给予国家可能的最佳政体来尽可能地延长它的生命。政体最佳的国家也会终结，但是会比其他的国家终结得迟些，只要没有任何意外事件导致它的过早毁灭。

政治生命的原则在于主权之中。立法权是国家的心脏，执法权是驱动国家各个部分运作的大脑。大脑瘫痪的人可能依旧存活，也就是说一个痴呆的活人。但是一旦心脏功能停止，这个痴呆的人就死了。

国家的生存绝不是依靠法律，而是依靠立法权。昨天的法律对于今天不具有约束力，但是可以从沉默中推定出默认：主权者被认为是对它可以废止却没有废止的法律不断地进行确认。一旦它宣布自己的意愿，除非它自己撤销，否则这就一直是它的意愿。

那么为何人们对于古代的法律如此尊重呢？原因就在于此。人们或许认为，只有崇高的古代意志才能令这些法律得以存续如此之久，但若不是因为主权者不断地承认它们的有益性，它早已无数次地废除它们了。这就是为何这些法律远远没有衰弱下去，而是在政体良好的国家里不断地获得新的力量。古时候的先例使得它们日益受人景仰。反之，在任何地方若是法律因时代久远而衰弱，那么这证明立法权不复存在，国家生存不下去了。

第十二章　如何维持主权

主权者除了立法权之外别无他权，只通过法律来产生作用，而法律只不过是普遍意志的正式文件。主权者只能在人民集中到一起时才能发挥作用。有人会说："将人民集中起来，简直异想天开！"在今天这是个空想，但在两千年前却不是：难道人类改变了本质吗？

精神事物可能性的限度没有我们想象的那样狭隘。是我们的软弱、恶习与偏见令它们狭隘。卑微的灵魂不相信伟大的人物：卑贱的奴隶对自由这个词报以嘲讽的微笑。

通过已经发生的事来思考可能发生的事吧。我要说的不是希腊古代的共和国，而是罗马共和国，我认为它是一个伟大的国家，罗马城是一个伟大的城市。最后一次人口调查表明，罗马有四十万武装的公民，而罗马帝国最后一次人口普查表明，仅公民就有四百多万，还不算臣民、异邦人、女子、小孩和奴隶。

要将这个首都及其周边的人民经常地集中到一起，其困难可想而知。但是，几乎没有几个星期罗马人是没有聚集到一起的，甚至一个星期几次。他们不仅行使主权权利，而且还行使一部分政府的权利。他们处理某些事务，审判某些案件，聚集在公共广场上的全体人民几乎同时是行政官和公民。

　　追溯到国家的初始时期，我们发现大部分古老的政府，甚至是马其顿人以及法兰克人的君主制政府都有着类似的大会。不管怎样，仅仅这个不容置疑的事实就解决了所有的困难：从现存推断出可能，我认为这个推论是正确的。

第十三章　续

人民聚集起来、通过批准一整套法律一次性确立国家政体，仅这一点是不够的；人民建立永续的政府或是一劳永逸地选定行政官，这也是不够的。除了因为意外情况而举行的特别会议之外，还需要有既不能取消也不能推迟的固定的定期会议，从而在规定的日子人民能够根据法律合法地被召集，不需要任何其他正式的召集通知。

但是，除了这些日期确定的法定集会之外，一切未根据规定形式由有权管辖的行政官召集的人民集会都应当被认为是非法的，在这种集会上所做的任何决定都没有效力，因为集会的命令本身应当源自法律。

至于合法集会召开的频次多少，则因考虑的因素太多而无法给出确定的规则。我们只能说，一般情况下政府力量越大，主权者越应当频繁露面。

或许有人会对我说，这对于单个城市来说是好的，但是当国家包含好几个城市的时候该怎么办？是分割主权还是应当将主权集中于一个城市，让其他的城市臣服于它？

我的回答是：两者皆不。首先，主权是单一的、浑然一体的，一旦分割便遭摧毁。其次，一个城市或国家不可能合法地屈从于另一个，因为政治共同体的本质在于服从与自由的一致，臣民与主权者这两个词具有对等关系，两者的概念统一于"公民"这个词之中。

我接下来的回答是：要将几个城市结合成一个城邦是件困难的事。而且，若想要完成结合，就不应当自认为避免了其天生的缺陷；也绝不能用大国的弊端来驳斥那些只想要小国的人。但是，如何赋予小国足以抵抗大国的力量？正如过去希腊城市抵抗大国王那样，又如最近荷兰与瑞士抵抗奥地利王室那样。

不管怎样，如果我们不能将国家局限于恰如其分的疆界内，那么还有一种方法，那就是不要设置首都，轮流在各个城市设立政府所在地，轮流在各个城市召集全国会议。

让人口均等地分布于国土之上，使它的各个地方都享有同等的权利，将富足和生机带到国土的每个角落，从而国家变得尽可能强大而治理有方。要记得城市的城墙是用旷野中房屋的残垣断壁所建。每当我在首都看到兴建宫殿，我都仿佛看到整个国家都变成了破屋。

第十四章　续

　　当人民以主权体的身份合法地聚集时，政府的管辖权停止，执行权也暂停，最低劣的公民其人身与首席行政官的人身一样神圣不可侵犯。因为，有被代表者的地方就不再有代表的存在。罗马民会中发生的大部分纷乱都源于对这个规则的无知或忽略。这时的执政官只是人民的主席，而保民官只是普通的雄辩家[1]，元老院什么都不是。

　　在这类中止期，君主认可或应当认可一个现时的上级，这段时期对他来说始终是可怕的；这些人民的聚会是政治体的保护神，是政府的约束，历来对首领来说都是可怕的。因此，他们从来都不惜费尽心机、反对阻挠、许下种种诺言，来促使公民放弃集会。当后者变得贪财、松懈、懦弱、更加钟爱安宁而非自由之时，就无法长期抵抗政府这种加倍的努力。从而，抵制集会的力量不停增长，主权最终消亡，大部分的城邦提早堕落并走向灭亡。

　　但是在主权和专制政府之间，有时会导入一种中间力量，在此我们应当谈一谈。

1　有点类似于英国议会赋予这个名词的意义。甚至于当整个管辖权中止时，这些职位的类似性将执政官和保民官置于冲突之中。——原注

第十五章 论议员或代表

一旦公共服务不再是公民的主要事务，他们宁愿用自己的钱财而不是人身来提供服务，那么国家就已经濒临灭亡。应当开赴前线吗？他们花钱雇佣军队，自己却留在家里。应当去议会吗？他们任命议员，自己却留在家里。由于太懒惰，钱财太多，他们最终有了为国家服役的士兵和出卖国家的代表。

是商业和艺术的纷扰、对利益的贪欲、怠惰以及贪恋舒适将人身服务转化成了金钱。人们出让收益的一部分是为了轻松地去获取更多的收益。出钱吧，很快你就会戴上枷锁。代役费这个词是一个奴役用语，在城邦中是不为人知的。在一个真正自由的国度，公民靠自己的双手来实现一切，而绝不是用钱：付钱不是为了免除自己的义务，而是为了亲自履行义务。我的观点与普遍观念相去甚远，我认为赋税比劳役更加有悖于自由。

国家的政体越好，在公民的思想中，公共事务就越是比私人事务重要。甚至于，私人事务也会大大减少，因为公共幸福的总和提供了很大一部分的个人幸福，从而个人只需要操心很小部分的个人幸福了。在一个管理良好的城邦中，每个人都奔向集会；而在一个糟糕的政府底下，没有人愿意朝集会跨出一步，因为没有人对集会上发生的事情感兴趣,人们预料到普遍意志在那里不占主导地位,最终对家庭的照料消耗了他们所有的精力。好的法律能够让人制定出更好的法律,而坏的法律会带来更坏的法律。一旦有人谈到国家事务时说:这**与我何干**?那么我们可以认定国家已经完蛋了。

爱国热情的冷却、私人利益的活跃、国家幅员的辽阔、东征西战、政府的滥用职权,这些让人想象得到,那些议员和代表是如何进入国家议会的。这就是在某些国家,人们竟敢称呼为第三等级的群体。因此,两个等级的个别利益放到了第一、第二位,而公共利益则仅排在第三位。

主权不能被代表,这与主权不能转让的道理是一样的。主权在本质上由普遍意志构成,意志是绝对不能被代表的:它要么是同一个意志,要么是另一个意志,没有任何中间形态。从而,人民的议员不是也不可能是人民的代表,他们只是人民的办事员,他们不能做任何最终的决定。任何未经人民亲自批准的法律都归于无效,那绝对不是法律。英国人民自认为是自由的,他们错得离谱:只有在选举议会成员时,他们才是自由的。一旦议员被选举出来,他们就是奴隶,没有任何社会地位。而在他们拥有自由的短暂期间,他们对自由的使用方式注定让他们失去自由。

代表的概念具有现代性:它源于封建政府,源于这个人类在其中丧失尊严、令"人"这个称号受辱的荒谬而不公正的政府。在古代共和国,甚至是在君主制国家中,人民从来都没有代表,他们不知道这个词。很奇怪,在罗马,保民官是如此神圣,人们甚至不曾想象他们会篡夺人民的职能;身处如此庞大的民众之中，他们从来都不曾试图主动地取消任何一次全民投票。但是，根据格拉古斯时代[1]的情况，亦即一部分公民竟站在屋顶上投票，我们可以设想有时人数众多所带来的不便。

在自由和权利就是一切的地方，不便算不得什么。这些明智的人民将一切都安排得恰到好处：他们让侍从官做保民官不敢做的事，他们不担心侍从官会想要代表他们。

但是，为了说明有时保民官是如何代表人民的，只需要设想政府是如何代表主权者的就可以了。法律只是普遍意志的宣言，从而，显然在立法权上人民不能被代表。但是，在执行权上人民可以也应当被代表，因为执行权是根据法律运用的力量。由此可见，通过对事物的详细考察，我们发现只有极少的国家才配备法律。不管怎样，有一点很明确，那就是保民官不享有任何执行权，永远也不能根据他们的职务的权利来代表罗马人民，除非他们篡夺元老院的权利。

在希腊人那里，凡是人民要做的事都由人民自己做。他们不断地在广场上集会；他们生活在温和的气候条件下，一点也不贪婪；有奴隶为他们劳动，他们关心的大事是自由。若是不再具有这样的优势，又如何能保留同样的权利呢？你们那里的气候更加恶劣，因此你们的需要更多[2]，一年中有六个月的时间

1　指古罗马格拉古斯兄弟的时代。提贝里乌斯·桑普罗尼乌斯·格拉古斯（Tiberius Sempronius Gracchus，前162—前133）与其弟凯乌斯·桑普罗尼乌斯·格拉古斯（Caius Sempronius Gracchus，前154—前121）合称为格拉古斯兄弟，是古罗马政治家，平民派领袖。格拉古斯兄弟推行土地改革，旨在将贵族及大地主多得的土地分给平民，触动了贵族和元老院的利益，最终被元老院的保守势力杀害。

2　在寒冷的国家仿效东方国家的奢华和怠惰，那就是想让自己戴上他们的枷锁，也比他们更加必然地屈从于奴役。——原注

广场上是无法待人的。你们低沉的言语在露天无法让人听清，你们更加关心你们的收益而非自由，你们更害怕的是贫穷而不是奴役。

什么！自由的维持只能依赖于奴役？或许。两种极端衔接在一起了。任何非自然的事物都具有它的不利之处，在这方面，公民社会尤甚于其他。在那样不幸的处境中，人们只能以他人的自由为代价来保存自身的自由，只有当奴隶被极度奴役时，公民才能得到完美的自由。这就是斯巴达的处境。对于你们这些现代人民，你们根本没有奴隶，但你们本身是奴隶，你们用自己的自由偿还了他们的自由。你们再怎么吹嘘这种偏好都无济于事，我在其中发现更多的是怯懦胆小而非人道主义。

我的这些论述并不意味着奴隶存在的必要，也不意味着奴役权的合法，因为之前所证明的恰恰与此相反。我只是说明为何自认为自由的现代人民有代表，为何古代人民没有。不管怎样，当人民为自己设代表的那一刻，他们就不再自由，人民也不复存在。

在对一切详细考察之后，我不认为，自此主权者还可能在我们之中继续行使它的权利，除非城邦特别小。但是，若是城邦特别小，它会被征服吗？不会。下面[1]我将阐明如何能够将大国人民的对外力量与小国的简易政治和良好秩序结合到一起。

---

[1] 这是我打算在这部作品的后续中探讨的问题，在处理对外关系的同时，我也会探讨联邦制。这是全新的题材，其原则还有待确立。——原注

第十六章 论政府的创建绝不是契约

立法权一旦确立,问题就在于同样地确立执行权。因为执行权只能通过个人行为发挥作用,它与立法权的本质不同,从而自然地与立法权相分离。若是被视作主权者的主权者可能拥有执行权,那么权利和事实就会相互混淆,以至于人们再也不知道什么是法律,什么不是法律;因此而改变性质的政治体很快会沦为暴力的牺牲品,虽然对抗暴力本是政府创立的目的。

所有的公民因社会契约而彼此平等。全体公民应当做的事,也是全体公民能够规定的事。反之,没有人有权要求另一个人做他自己不做的事。然而,这种权利恰恰就是主权者在创建政府时赋予君主的、令政治体得以生存和运作的不可或缺的权利。

不少人声称,这种创建政府的行为是人民与其为自己选定的首领之间的契约,通过这项契约规定了双方之间彼此承担义务的条件,其中一方承担指挥的义务,另一方承担服从的义务。我确信,大家都会认为这是一种奇怪的订立契约的方式!不过,我们还是来瞧一瞧这种观点是否有道理。

首先,最高权力是既不能改变也不能转让的,限制最高权力就相当于是破坏它。主权者为自己设立一个上级是荒谬而矛盾的；让自己承担服从一个主人的义务，那就是恢复到完全的自由状态。

此外，很明显，人民与这样或那样的人订立的这种契约是一项个别协议。从而，这种契约既不可能是法律，也不可能是主权协议，因此是不合法的。

我们还发现，缔约方之间仅受自然法则的约束，他们相互之间的承诺缺乏任何的保障，无论如何这都与社会状态不一致。假如掌权的一方始终都是执行的主人，那么这样的约定也可以被称为契约了，亦即一个人对另一个人说："我给你我所有的财产，条件是，你将自己中意的那部分还给我。"

在国家中只有一个契约，那就是结合的契约；这个契约的存在排斥了其他任何契约。我们不能想象任何不违背该契约的公共契约。

第十七章　论政府的创建

那么应当如何构思创建政府的约定？我发现，首先这种协议具有复杂性，或者说包含两种其他的约定，亦即法律的确立以及法律的执行。

通过确立法律的约定，主权者规定将成立一个何种形式的政府实体，很显然，这种约定属于法律。

人民通过执行法律的约定任命首领，让他们对建立的政府负责。然而，这项任命是一种个别约定，不是另一项法律，而仅仅只是第一项法律的结果，是政府的一项职能。

困难在于理解如何能够在政府存在之前就有政府行为，理解仅作为主权者或臣民的人民，如何能够在某些情况下成为君主或行政官。

这也是政府实体惊人的特性之一，正是由于这些特性，政府实体才使得表面矛盾的活动一致起来，因为这一特性是通过主权骤然转变成民主制形成的。从而，未经任何显著的变化，仅仅是通过全体对全体的新关系，成为行政官的公民就从普遍约定过渡到个别约定，从法律过渡到执行。

这种关系的变化绝不是思辨上的故弄玄虚，它在实践中已有先例：在英国的议会中天天都有这样的变化发生。为了更好地讨论事务，其中的下议院在某些情况下会转变成大委员会，因而从前一刻的主权机构变成普通的委员会，以至于它之后又向身为下议院的自己报告刚刚作为大委员会所解决的问题，再次用一种名义商讨刚才已经用另一种名义解决的问题。

这就是民主制政府的真正优势所在：单凭普遍意志的约定就能够使它在事实上得以建立。此后，如果这就是它采纳的形式，那么这个临时政府将继续存在，或者是以主权者的名义建立法律规定的政府，从而一切都合乎规范。不可能存在以任何其他合法形式创建，而又不违背之前确立的原则的政府。

第十八章　预防政府篡权的方法

　　以上这些阐释证实了第十六章的论述：创建政府的约定绝不是契约，而是法律；执行权的受托人绝不是人民的主人，而是他们的官吏。人民可以根据自己的意愿任命或撤销他们，对他们来说，想要的绝不是缔约，而是服从；在承担国家赋予他们的职能时，他们只是履行公民的责任，无论如何也不具有讨论条件的权利。

　　因此，当人民创建一个世袭政府之时——不论是家族世袭的君主制政府，还是某个等级的公民世袭的贵族制政府——他们不是订立契约，而是赋予行政管理一种临时的形式，直到他们愿意采用另外的治理形式为止。

　　当然，这些变化总是危险的；因此，除非已建的政府与社会福利不兼容，否则绝不应该对其进行改动。但是，这种审慎是一项政治准则，不是一项法律规范。国家并不一定要将军政权交给它的将领们，同样地，它也不一定要将民政权交给它的首领们。

　　在这种情况下，我们确实也不能花费太多的精力来遵守所有要求的程序，以至于无法将正当合法的行为与叛乱的喧嚣、全体人民的意志与某个宗派的叫嚣区分开来。尤其是在此时,在恶劣的条件下,我们只能给予法律严格规定不能拒绝给予的东西。也正是从这项义务中,君主获得了巨大的好处,可以不顾人民的反对保留自己的权力,并且还没有人能够说他篡权:因为在他看起来似乎只是在行使自己的权利之时,他正十分自然地扩大它们,并且以公共的安宁为借口,阻止旨在重建良好秩序的集会的发生;从而他可以利用一种他不容打破的沉默,或者利用他命人从事的非法行为,来假定那些因恐惧而缄默的人对他的拥护,以及对那些敢于说话的人实施惩罚。因此,十人执政官一开始当选的任期为一年,之后又延一年,他们不再允许民会开会,试图永久地保留他们的权力。世界上所有的政府一旦拥有了公共力量,迟早都会通过这种简便的方式篡夺主权。

我之前所说的定期集会正好用于防止或推延这种不幸,尤其是当这些集会不需要正式的召集通知时。因为此时君主若是阻止他们,就相当于是公开宣布自己是法律的违反者和国家的敌人。

这些集会开放的目的在于维持社会契约,从而在集会的一开始永远应当讨论两个永不能取消的提案,它们将分别经过投票表决。

第一个提案:**主权者是否愿意维持现存的政府形式。**

第二个提案:**人民是否愿意让目前执政的人继续执政。**

在这里,我假设自认为已经论证过的观点:亦即在国家中不存在任何不能废除的基本法,甚至也不存在不能废除的社会契约;因为如果所有的公民集中起来共同一致地破坏这个契约,那么毫无疑问它就完全合法地被废除了。格劳秀斯甚至认为,每个人都能退出他身为其成员的国家,在离开国家的时候重获他的自然自由和财产。[1]因此,联合起来的全体公民不能做其中每个公民单独能做的事,那真是太荒谬了。

第四卷

第一章　论普遍意志是不可摧毁的

只要联合起来的几个人自认为是单个整体,那么他们就只有一个与共同的存续和公共的福利相联系的单一意志。此时,国家所有的力量强劲而单一,它的准则清楚而明晰,没有任何错综复杂、互相矛盾的利益,公共福利处处清晰可见,只要是神志清明的人都可以看到。和平、团结、平等是政治上阴谋诡计的敌人。由于纯朴,正直而单纯的人很难上当受骗,诱惑和精美的说辞根本欺骗不了他们;甚至于因为他们的精明程度不够而不足以上当。当我们在世界上最幸福的人民那里看到一群群的农民在橡树下始终有条不紊地解决国家事务,我们如何能不情不自禁地蔑视其他国家的那些过分考究,他们如此地花样繁多又故弄玄虚,结果却让自己变得臭名昭著而悲惨不幸?

得到如此治理的国家只需要极少的法律,随着颁布新法律成为必要,这种必要性便普遍地为大众所知。第一个提议颁布新法律的人只不过是说了大家都已经感觉到的事。只要确信其他人会跟他一样做,那么不需要诡计或雄辩就可以将大家都决定要做的事情转变成法律。

推理家之所以被蒙蔽,是因为他们只看到一些一开始就政体不良的国家,在他们深刻的印象中,这些国家不可能维持类似的治理。他们笑着想象一个机灵的骗子,或一个阿谀奉承的演说家可能说服巴黎或伦敦的人民的一派胡言。他们不知道克伦威尔可能会被伯尔尼的人民罚做苦役[1],而博福尔公爵也可能会被日内瓦人关进惩戒所[2]。

但是,当社会纽带开始松弛、国家开始衰弱;当个人利益开始显露出来、小集团开始影响大集团;当公共利益发生变化、有了反对派;当全体一致在表决中不再占据支配地位;当普遍意志不再是全体的意志,矛盾、争论便应运而生,最好的意见也唯有在争论过后才能通过。

最终,当濒临毁灭的国家只能以虚幻的方式继续存在,当社会联系在所有人的心目中已遭破坏,当最卑劣的利益厚颜无耻地冠上公共福利的神圣名义,这时普遍意志变得缄默,所有的人在隐秘的动机指引之下不再作为公民发表意见,仿佛国家从未存在似的。人们以法律的名义错误地通过一些仅以个别利益为目的的极不公正的法令。

是否由此就得出,普遍意志被消灭或腐化了呢? 并非如此,普遍意志始终恒定、纯粹、不可改变。但是,它服从于压倒它的

1　这里的原文是"铃声"(sonnettes),16 至 18 世纪时,"铃声"在弗里堡和伯尔尼(瑞士)的附庸国代指苦役。因为被判苦役的人身上挂铃铛和锁链。

　　克伦威尔(Olivier Cromwell, 1599—1658),英国政治家、军事家、宗教领袖。17 世纪资产阶级革命中新贵族集团的代表人物,独立派的首领。1649 年处死国王查理一世,建立共和国,同时残酷镇压了平均派和掘地派的民主运动和爱尔兰民族起义。1653 年,克伦威尔建立军事独裁统治,自任"护国主"。克伦威尔是一个颇具争议的矛盾的历史人物。

2　惩戒所是日内瓦惩戒无赖地痞的管教所。

　　博福尔公爵(Duc de Beaufort, 即 François de Bourbon-Vendôme, 1616—1669),法国亲王,海军上将,投石党运动中的著名人物,又称市井国王。

其他意志了。每个将自身利益从公共利益中脱离出来的人，都清楚地看到，他无法将自身利益完全地与公共利益相分离，但是，与他企图据为己有的排他性利益相比，由他分担的那部分公共损失就不算什么了。但是除了这种个别利益之外，为了自身的利益，他还是与所有其他人一样强烈地想要普遍利益的。甚至，在他为了金钱出卖自己的表决权时，他也没有平息自己身上的普遍意志，他只是回避了它。他犯的错误是改变了问题的状态，对于人民提出的问题答非所问，以至于他并没有通过投票来说："这对国家有利"；而是说："通过这项或那项意见对某个人或某个政党有利。"因此，集会中公共秩序的法则与其说是维持那里的普遍意志，不如说是要让普遍意志始终受到拷问，并且始终作出应答。

我在这里本来要对一切主权约定的投票权这一项发表不少意见，这是一项公民无论如何都不能被剥夺的权利；我对发言权、提案权、异议权、讨论权也有不少思考，这些是政府始终费尽心思只留给其成员的权利；但是这个重要的题材需要单独的论文进行阐述，在本书中我无法面面俱到。

第二章　论投票

通过前一章的内容我们看到，一般事务的处理方式能够为习俗的现状和政治体的健康提供相当可靠的标志。集会中越是一致性占统治地位，也就是说，意见越是趋于一致，普遍意志也就越占优势地位。反之，冗长的辩论、争执和喧闹预示着个别利益的上升和国家的没落。

当两个或几个等级进入国家的组织机构时，这一点就不太明显，比如罗马的贵族和平民，即便是在共和国最美好的年代，他们的争吵也经常扰乱民会。但是这种例外更多的是表面的而非真实的，因为此时由于政治体内在的缺陷，可以说，在一国之内有了两个国家。对于合并的两个部分来说不适当的东西，对分离的每个部分却是适当的。事实上，在最动荡不安的时期，当元老院不介入的时候，人民的平民会议表决始终平静地进行，并且按照多数票表决：公民只有一种利益，而人民只有一种意志。

等循环到了另一极端，全体一致也会再次出现。那是公民沦落到被奴役状态、不再享有自由或意志的时候。此时，恐惧和奉承将投票变成了一致推选；人们不再商议，不是崇敬就是咒骂。这就是在罗马皇帝的统治之下元老院卑贱的表态方式。有时这些是以可笑的谨慎方式来完成的。塔西佗发现，在奥托[1]的统治下，元老们在对维特利乌斯[2]大肆咒骂的同时，故意发出可怕的喧闹声，从而即便维特利乌斯意外荣登主子的宝座也不会知道他们每个人说了什么。

从以上这些论述中可以得出一些准则。依照这些准则，我们应当根据普遍意志识别的难易程度以及国家的衰退程度规定票数计算和意见比较的方式。只有一种法律在本质上要求取得一致同意，这就是社会契约：因为公民的结合是全世界最自愿的约定。生来自由、身为自己主人的人，任何人未经他的同意，都不能以任何借口奴役他。判定女奴的儿子生来就是奴隶，就等于是判定他生来就不是人。

因此，如果有人反对社会契约，那么他们的反对不会使契约失去效力，而仅仅是使他们不包括在契约之中，他们就成了公民中的异邦人。当国家创建之时，同意体现在居所之中，居住在国土上就意味着服从主权。[3]

在这个原始契约之外，绝大多数的投票始终约束所有其他的人，这是契约本身的结果。但是有人会问，一个被迫顺从不属于他的意志的人，如何能够自由？那些服从他们并不同意的法律的反对者，又如何能够自由呢？

我的回答是，这个问题的提法不当。公民同意所有的法律，甚至是那些不顾他们的意愿通过的法律，甚至是那些当他们敢于违背其中某项时对他们实施惩罚的法律。国家所有成员恒定

1　奥托（Marcus Salvius Otho，32—69），古罗马皇帝，69年1月至4月在位。

2　维特利乌斯（Vitellius，前15—69），继奥托之后的古罗马皇帝。

3　这一点始终应当是对于一个自由国家而言的，因为在别的地方，家庭、财产、缺乏避难所、生活必需、暴力能够让一个居民不由自主地留在国内，此时，单凭他的居留不再能够假定他对契约的同意或予认同。——原注

的意志就是普遍意志，他们因普遍意志而成为公民，获得自由。[1]当有人在人民的集会中提交法律提案时，确切地说，他并不询问他们是同意还是否决该提案，而是询问这项提案是否符合他们的普遍意志；每个人通过投票来表达他在这个问题上的意见，普遍意志通过投票数的计算得以宣告。因此，如果与我相左的意见占据上风，那只能证明是我弄错了，我认为的普遍意志并不是普遍意志。如果我的个人意见占据了上风，那么说明我可能是做了非我所想要做的事，此时的我就不再是自由的了。

以上论述意味着普遍意志的所有特征确实都依然体现在大多数中：当它们不再体现在大多数中的时候，无论人们采取何种立场，自由都不复存在。

之前在阐述公共商议中个别意志是如何替代普遍意志的过程中，我充分地指出了预防这种弊端的可行方法，之后我还要谈及这一点。至于宣告这个意志的投票的比例数，我也已经给出了可据以确定它的原则。即便只有一票之差也会破坏均等，仅一票异议就会打破全体一致，但是在全体一致和均等之间存在许多不均等的比例分配，对于每种比例分配都可以根据政治体的状况和需要确定这个比例数。

有两种一般规则可以用来规定这些比例：第一，决议越是重大，占据上风的意见越应当接近全体一致；第二，争议的事务越是需要迅速解决，所规定的不同意见的票数差异越应当缩

---

[1] 在热那亚，我们可以在监狱的正面和苦役犯的镣铐上看到"自由"这两个字。对于这句题铭的这种用法是合情合理的。事实上，在各个国家，只有恶人才阻止公民拥有自由。在所有这些恶人都成为苦役犯的国家，人们享有最完美的自由。——原注

小。在必须当场结束的商议中,一票之余就足以定论。这些规则的第一条看起来更加适合法律,第二条则适合实务。不管怎样,用于宣告大多数的最佳比例建立在这两个规则相结合的基础之上。

第三章　论选举

　　至于君主和行政官的选举,正如我之前所说,是一些复杂的约定,可以通过两种途径进行:亦即选择和抽签。这两种方式在不同的共和国中得以运用,目前我们还在威尼斯的总督选举中看到这两种方式极为复杂的混合。

　　孟德斯鸠说:"抽签选举是民主制的本质。"我同意,但是为何这么说呢? 孟德斯鸠接着说道:"抽签是一种不会令任何人苦恼的选举方式,它让每个公民都拥有为国家服务的合理希冀。"但这并不是理由所在。

　　如果我们注意到首领的选举是政府职能而不是主权职能的话,那么我们就会发现为何抽签的途径更加符合民主制的本质。因为在民主制中,政令越少,行政管理越好。

　　在所有真正的民主制中,行政长官的职位不是一种便宜,而是一种繁重的负担,人们无法公正地将这个重担强加给某个人而不是另一个人。唯有法律才能够将这个重担赋予抽中签的那个人。因为此时的条件对每个人都是平等的,选择并不取决于任何人的意志,也不存在任何改变法律普遍性的特殊适用情况。

　　在贵族制中,君主自己选择君主,政府依靠自己保存自己。

因此,选举在这里很适合。

威尼斯总督选举的例子远远没有否决这种差别,反而是进一步肯定了它。这种混合形式适合混合型的政府。因为将威尼斯政府视作真正的贵族制是错误的。如果人民在政府中没有一席之地,那么政府中的贵族本身就成了人民。一大群贫穷的巴纳波特[1]从来不靠近任何行政长官的职位,他们的贵族身份只体现在"阁下"的空头衔以及出席大议会的权利之上。这个大议会的人数与我们日内瓦的省议会人数一样多。它那些显赫的成员所拥有的特权不比我们的普通公民多。可以肯定的是,若是除去这两个共和国之间的极端差异,日内瓦的平民阶层恰恰相当于威尼斯的贵族阶层,我们的本地人和居民则相当于威尼斯的市民和人民,我们的农民就相当于威尼斯大陆上的臣民。最后,不管我们以何种方式来看待这个共和国,撇开它的面积大不谈,它的政府并不比我们的政府更加贵族化。所有的差别在于,我们没有终身制的首领,因此我们并不需要抽签。

在真正的民主制中,一切都是平等的,从而抽签选举也没有什么不便之处。不论是从习俗和才干还是规则和财富来看都是平等的,选择谁都无所谓。但是,我已经说过,根本未曾存在过真正的民主制。

当选择和抽签混合使用时,前者用于填补需要相应才能的职位,比如军事职位;后者适合那些只需通情达理、公正廉洁就足够的职位,比如法官职务,因为在一个政体良好的国家中,这

---

1 威尼斯的贵族分为两等,即爵爷(Seigneur)和巴纳波特(Barnabote)。后者没有财富,没有威望,原指圣·巴纳贝的贫穷居民。

些品质是所有公民共有的。

　　抽签和投票在君主制政府中都不存在。国君是法律上唯一的君主和执政官，只有他才有权选择他的下属。当圣皮埃尔神甫[1]建议增加法国国王的枢密院、通过投票选举其成员时，他没有发现自己是在建议改变政府的形式。

　　本来我在这里还要谈到人民集会中投票和获得选票的方式，但是也许在这方面，罗马政治发展史能够更加清楚地阐明我要确立的所有规则。对于一个明智的读者来说，在一个有两万人组成的议会中如何处理公共事务和个人事务是十分值得详细一些研究的。

1　圣皮埃尔神甫（abbé de Saint-Pierre，1658—1743），法国作家，因提出独特的"欧洲统一"方案而广为人知。代表作《永久和平计划》。

第四章 论罗马民会

　　我们没有任何关于罗马初期十分可靠的不朽著作,甚至,我们传播的关于它的大部分事情非常可能都是传说。[1]一般来说,民族编年史中最具有教益的部分是它们的建国史,而这正是我们所最为缺乏的。经验每天都在告诉我们,帝国的革命源于何种原因,但是由于不再有新的民族形成,我们几乎只能通过推测来阐释它们的形成。

　　在我们看来已经被公认的习俗至少证明了这些习俗的渊源的存在。那些追溯到这些渊源的、受到最具有权威性的依据所支持的,以及被最有力的理由所证实的传说,应当被认为是最确凿的。这就是我在研究世界上最自由、最强大的人民如何执行其最高权力的过程中试图遵循的准则。

　　罗马建立之后,新生的共和国,也就是说,由阿尔班人、萨宾人和外邦人组成的建国者的军队被分成三个类别,由于这种划分,这些类别被称为部族。其中每个部族都再细分为十个胞族,

---

1 我们认为"罗马"这个词来源于罗慕路斯(Romulus),是希腊文,意思是"力量";"努马"(Numa)一词也是希腊文,意思是"法律"。似乎这个城市中最早的两个国王预先给自己冠上了与他们的所作所为关系密切的名字。——原注

每个胞族又再细分为十人队,领导胞族和十人队的首领分别称为胞族长和十人队长。

除此之外,人们从每个部族中挑选出一百个人组成骑兵或骑士团,称为百人团。由此可见,这些在市镇里没什么必要的划分起初只是军事性的。但是,似乎是崇尚伟大的本能让罗马这个小城市预先给自己制定了与世界之都相匹配的政治制度。

从这一最早的划分中很快产生了一种弊病。那就是阿尔班部族(Ramnenses)和萨宾部族(Tacienses)一直都处于不变的状态,而外邦人的部族(Luceres)却因为外邦人的持续加入而不断增大,从而这个部族很快就超过了其他两个部族。塞尔维乌斯对于这种危险的弊病的补救方法是改变划分,他取消了按人种进行的划分,代之以按每个部族在城市中占据的另一种位置区域来进行划分。他将原来的三个部族划分成四个,每个部族都占据罗马的一座山丘,并且被冠以该山丘的名字。从而在纠正现存的不平等的同时,他还预防了未来的不平等。为了使这种划分不仅仅是地区的划分,还是人的划分,他禁止一个居住区的居民搬到另一个居住区,从而防止了人种的相互混淆。

塞尔维乌斯还将原来的三个骑兵百人团增加了一倍,又另外添加了十二个,但是它们一直使用原来的名称。通过这种简单而明智的方法,塞尔维乌斯最终将骑士团和人民团体区分开来,并且没有造成人民的不满。

在这四个城市部族的基础上,塞尔维乌斯又添加了另外十五个乡村部族,因为它们是由农村的居民组成的,这些居民分布在十五个地区。之后,又创建了十五个新的部族。最终罗马人民被划分为三十五个部族，这个数目一直到共和国终结都固定不变。

从这种城市部族和乡村部族的划分中产生了一种后果，十分值得关注，因为没有任何其他的先例，并且罗马的习俗的保存和帝国的扩张都归功于它。可能有人认为，城市部族很快就会窃取权力和荣誉，并且令乡村部族地位一落千丈；事实恰恰相反。我们知道，早期的罗马人钟爱乡村生活。这种偏好源自那个明智的建国者[1]，他将自由与农作、军事结合起来，可以这么说，他将艺术、手工艺、阴谋、财富和奴役都弃置于城市了。

因此，罗马所有杰出的人都生活在农村，耕种着土地，人们习惯于只在农村寻求共和国的支撑。这种状态是最可敬的贵族的状态，得到所有人的景仰：村民纯朴的劳动生活比罗马市民游手好闲的懒散生活更受推崇。一个在城市中不过是不受欢迎的无产者的人，一旦成为田野里的劳动者，就会变成一个受尊敬的公民。瓦罗[2]说，我们高尚的祖先在乡村建立了培养这些强壮而骁勇的人的基地，这不是没有理由的。这些人在战争期间保卫了他们，在和平时期又供养了他们。普林尼[3]明确地说，乡村部族因组成它的人而受到尊敬，反之，人们将那些想要贬斥的懒散之徒转到城市部族是为了让他们蒙受耻辱。来罗马定居的萨宾

---

1 指罗慕路斯。

2 瓦罗（ Varron，前116—前27），罗马时代政治家、著名学者，曾担任执政官。代表作《论农业》。

3 普林尼（ Pline，即 Caius Plinius Secundus，23—79），又称老普林尼，古代罗马的百科全书式作家，代表作《博物志》。

人阿比乌斯·克劳迪乌斯[1]在那里备受尊敬,他加入了一个乡村部族,之后这个部族便以他的姓氏命名。最后,那些被释放的奴隶全部都被编入城市部族,从来不被编入乡村部族;尽管这些人成为公民,但是在整个共和国期间,没有任何一个被释放的奴隶获得行政官职位的例子。

这本是个极好的准则,但是被推行得过了头,以至于最终发生了变化,在政治上必然地产生了弊端。

首先,监察官在长期窃据将公民任意地从一个部族转移到另一个部族的权利之后,允许大部分的公民加入他们所喜欢的部族,这种许可肯定是一无是处的,它使监察职能丧失了一大权限。此外,权贵人物全都加入了乡村部族,转变为公民的被释放的奴隶与群氓一起留在了城市部族中。总的说来,部族再也没有自己的领地和场所,而是所有的人都混杂在一起,只有通过户口簿才能区分每个部族的成员,从而"部族"这个词的概念从属物的变成了属人的,甚至几乎成了空名。

此外,城市部族由于近水楼台,经常在民会中占据最强势地位,将国家出卖给胆敢从构成民会的流氓那里收买选票的人。

至于胞族,创建者在每个部族中建了十个,从而城墙内的全体罗马人民便由三十个胞族组成,每个胞族都有自己的庙宇、神灵、官员、祭司,以及被称为"大路节"的节日,这些节日就类似于之后乡村部族的"乡村节"。

在塞尔维乌斯的新划分中,这三十个胞族不可能均等地分

---

1 阿比乌斯·克劳迪乌斯(Appius Claudius Sabinus,? —前446),罗马负责制定法典的十大执政官之一。

布在他的四个部族之中，但是他又不愿意改动这个数目，独立于部族的胞族便成了对罗马居民的另一种划分。但是，无论是在乡村部族还是在构成乡村部族的人民之中，都不存在胞族的问题，因为部族已经成为一个纯粹的民事机构，另一种用于征集军队的管理机构被引入，罗慕路斯的军事划分变得多余了。因此，尽管每一个公民都加入某个部族，但远非每一个公民都加入某个胞族。

塞尔维乌斯还作了第三种划分，这种划分与前两种划分没有任何关系，并且因其作用而成为最重要的划分。他将罗马人民划分为六个等级，这种划分既不根据地区也不根据人，而是根据财产，因而前面的等级都是富人，后面的等级都是穷人，中间等级则都是拥有中等财富的人。这六个等级又被细分为称为百人团的一百九十三个团体，这些团体的分布是如此地不均，以至于仅第一等级就囊括了一半以上的团体，而最后一个等级只构成一个团体。从而，人数最少的等级，拥有数量最多的百人团，最后一个等级整个只算作是一个分部，尽管它一个等级就囊括了罗马半数以上的居民。

为了不让人民识破这最后一种形式的后果，塞尔维乌斯假装赋予它军事划分的外表：他在第二等级中安插了两个甲胄师百人团，在第四等级中安插了两个军械百人团。在除却最后一个等级的每个等级中，他区分了年轻人和老年人，也就是说，有义务扛起武器的人和因年老而根据法律免除这种义务的人。这种区分比财富的区分更加需要经常地进行户口调查和统计。最后，他希望集会在战神校场举行，所有到达服役年龄的人都要带着武器参加。

塞尔维乌斯之所以没有在最后一个等级中也遵循这种年轻人和老年人的划分，是因为他根本不赋予构成这个等级的群氓为祖国扛起武器的荣誉。必须有了家庭才能获得保卫家庭的权利，今天国王的军队中出类拔萃的无数流民军，在当时或许没有一个不被鄙夷地从罗马步兵大队中驱赶出去的，因为那时的士兵是自由的捍卫者。

不过，在最后一个等级中还区分了"无产者"和所谓的"按人头计数的人"。无产者并没有完全沦落到一无是处的地步，至少他们给国家提供公民，在紧急需要的情况下，有时甚至也提供士兵。对于那些一无所有的人，人们只能按照人头计数。他们完全被看作是毫无价值的东西，马里乌斯[1]是第一个敢于招募他们的人。

在这里我们并不对这第三种统计方式本身的好坏下定论，我认为能够确认的是，只有早期罗马人的淳朴习俗、他们的大公无私、他们对于农业的爱好、他们对于商业以及唯利是图的鄙视，才能令这种统计方式具备可行性。在现代人民所在的地方，他们的强烈的贪欲、不知满足的个性、阴谋诡计、持续不断的奔波、境遇的变化无常能够让这样的制度持续二十年而不扰乱整个国家吗？甚至还应当指出的是，罗马比这种制度更加强大的习俗和监察力量会纠正这个制度的弊端，而太过炫富的有钱人则会被放逐到穷人的那个等级之中。

1　马里乌斯（Caius Marius，前157—前86），罗马将军、政治家。在其政治生涯中曾七度任执政官，以对罗马军队的极端改革出名。

综上所述，我们可以很容易地理解为何明明真实地存在六个等级，人们却几乎一直只提到五个等级了。第六个等级既不作为士兵参军，也不去战神校场[1]参与投票，在共和国几乎一无用处，因此也几乎什么也不算了。

这就是罗马人民的不同划分。现在让我们来看一下这些划分在集会中产生的后果。这些合法召集的集会称为"民会"，它们通常在罗马广场或战神校场召开，根据民会排序所依据的三种形式之一，可以分为胞族民会、百人团民会和部族民会：胞族民会是罗慕路斯创立的，百人团民会是塞尔维乌斯创立的，而部族民会则是人民的保民官创立的。只有在民会中才能批准法律，选举行政官。由于每个公民都加入某个胞族、某个百人团或是某个部族，因此，没有任何一个公民被排除在投票权之外，罗马人民是真正的法律上和事实上的主权者。

为了民会能够合法地召开，并且在民会上通过的事项能够具备法律效力，必须满足三个条件：

第一个条件是召集民会的团体或行政官具备召集民会所必需的权力；第二个条件是集会在法律允许的日期内的某一天举行；第三个条件是占卜结果显示为吉兆。

第一条规则的理由无须解释。第二条属于管理方面的事务，因而不允许在安息日和赶集日举行民会，因为此时来到罗马处理私人事务的农村人没有时间整天待在公共广场上。第三条

---

[1] 我之所以说在"战神校场"，是因为百人团的民会在那里召开；在其他两种形式中，人民则是在广场或是其他地方召开民会的；此时，"按人头计数的人"与高等级的公民具有同样的影响力和权威。——原注

规则是元老院用以控制自负躁动的人民、适时地缓解蠢蠢欲动的保民官的狂热的方法，但是后者总能找到不少方法来摆脱这种束缚。

并非只有法律和首领的选举问题才需要民会做出裁决：罗马人民篡夺了政府最重要的职能，可以说，整个欧洲的命运都控制在罗马人民的集会之中。目的的多样化使得这些集会根据它们要裁决的问题采取多样化的形式。

要对这些多样化的形式进行评判只需对它们进行比较就够了。罗慕路斯在组建胞族的时候，其目的在于用元老院来钳制人民，同时又用人民来钳制元老院，而他则同时控制着所有的人。因此，通过这种形式，罗慕路斯赋予了人民数量上的优势，用以平衡他留给贵族的权势和财富上的优势。但是根据君主制的精神，他还是给了贵族更多的利益，因为贵族的被保护人影响了大多数的投票。这种令人赞叹的保护人和被保护人的制度是政治和人道的杰作，没有它，与共和精神如此相悖的贵族阶级不可能继续存在。只有罗马有幸为全世界提供这样一个美好的榜样，它从未产生过任何弊端，却也从未有过追随者。

直到塞尔维乌斯时代为止，这一胞族的形式一直在王权统治下继续存在；而最后一个塔奎尼乌斯国王的统治根本不被视为合法，因此人们一般来说将王权时期的法律称为"胞族法"，以示区别。

在共和国统治时期，由于胞族始终局限于四个城市部族之内，只包含了罗马的群氓，因此既不适合领导贵族的元老院，也不适合虽然身为平民，却领导着富裕的公民的保民官。因此，胞族丧失了威信，堕落到这样的地步：三十个聚集到一起的侍从官做了胞族民会分内的事情。

按百人团进行的划分十分有利于贵族，以至于一开始人们看不出元老院何以不能总是在百人团民会中占据优势，而执政官、监察官和其他有权坐象牙椅的高级行政官都是由百人团民会选举出来的。

事实上，一百九十三个构成罗马六个等级的百人团之中，第一等级囊括了九十八个，而投票数只按百人团计算，仅第一等级就在投票数上超越了其他所有的等级。当它的所有百人团达成一致时，人们甚至不再继续统计投票数；数量最少的那部分人决定的事被认为是民众的决定。因此可以说，在百人团民会中，不是根据投票的大多数，而是根据金钱的大多数来处理事务的。

但是这种极端的权威通过两种方法得以节制。第一种方法是：通常情况下保民官属于富人等级，并且始终有数量众多的平民也属于富人等级，从而平衡了贵族在第一等级中的影响力。

第二种方法是：一开始并不让百人团按照他们的次序投票（若是按照次序，那就始终得从第一等级开始），而是通过抽签选出一个百人团，仅由这个百人团[1]进行选举；之后另择日期按照次序召集所有的百人团重复同一选举，一般情况下，他们会印证之前的选举结果。因此，等级次序的榜样权威得以取消，根据民主制的原则，人们将这种权威赋予了抽签。

这种做法还产生了另外一种益处，那就是两次选举的间隔

1　这个通过抽签选出的百人团被称为"特权团"，因为它是第一个被要求投票的百人团，"特权"一词由此而来。——原注

期给了乡村的公民时间，让他们可以去了解被临时任命的候选人的功绩，以便在知悉情况的前提下进行投票。但是，最终人们以省时为借口废除了这种做法，两次选举在同一天举行。

部族民会实际上是罗马人民的议会。部族民会只能由保民官召集，保民官由部族民会选举出来，并且在会上通过他们的全民表决。元老院不仅在部族民会上毫无地位，甚至都没有权利出席该会；元老们必须服从他们无权参与投票的法律，从这方面来说，他们比末等的公民还要不自由。这种不公正完全被误解了，仅这一条就足以令一个团体的法令失去效力，因为这个团体不接受它的所有成员。当所有的贵族都根据他们作为公民所拥有的权利列席这些民会，由此成为普通个人的时候，他们对这种按人头计数的投票形式几乎没有影响，因为在这种形式中，最卑微的无产者与元老院的首长权利相当。

人们规定这些多样的类别是为了对人数如此众多的人民进行投票统计。因此我们发现，除了由此产生的次序之外，这些类别并没有沦为本身无足轻重的形式，而是每种类别都起到与其受欢迎的意见相关的作用。

无须在这方面谈太多的细节，从以上的阐述就可以得出，部族民会最有利于人民政府，百人团民会最有利于贵族制。至于仅由罗马的群氓就形成了其大多数的胞族民会，由于它们仅有利于促进暴政和不良意图，因此必然会遭到唾弃，而叛乱者本身也会避免使用过于暴露其计划的方法。确凿无疑的是，鉴于胞族民会中缺席乡村部族，而部族民会中缺席元老院和贵族，罗马人民只有在百人团中才能找到他们全部的尊严，因为唯有百人团包括了全体人民。

至于早期罗马人统计投票的方式,尽管还不如斯巴达人的那样简单,但也是简单的,正如他们的习俗。每个人都高声地报出他投的票,一个书记官随即将它记录下来。每个部族中的多数票决定部族的投票,部族之间的多数票决定该部族的投票,胞族和百人团亦是如此。当公民之间诚实之风盛行,每个人都耻于公开地投票给不公正的意见或是不称职的人的时候,这种做法是好的;但是,当人民腐化堕落、贿买选票之时,则适合秘密进行投票,从而通过不信任来钳制贿买者,使得那些无赖不至于沦为卖国贼。

我知道,西塞罗[1]是谴责这种改变的,并且将共和国的灭亡部分地归咎于它。但是,尽管我感觉到西塞罗的权威在这方面的分量,我对他的意见还是不能苟同。相反地,我认为正是因为没有做足够类似的改变,才会加速了国家的灭亡。健康人的饮食制度不适合病人,同样地,也不应该用适合良善人民的法律来管理堕落的人民。没有什么比威尼斯共和国的寿命更能证明这个准则了,至今其空壳依然存在,仅仅是因为它的法律只适合恶人。

因此,人们发给公民一些薄木片作为选票,从而每个人都能凭此投票,别人却无从得知他的意见。人们也制定了一些收集选票、计算以及比较票数等的新程序。这并不妨碍人们经常怀

1　西塞罗(Cicéron,前106—前43),古罗马著名政治家、雄辩家、演说家、法学家、哲学家。公元前63年当选为执政官,在后三头政治联盟成立后被三头之一的政敌安东尼派人杀害。

疑负责这些职能[1]的官员的忠实度。最终,为了防止投票舞弊和选票交易,人们颁布了禁令,但禁令的繁多恰恰表明了它们的无效性。

临近共和国的末期,人们经常被迫求助于一些非常的应急措施来弥补法律的不足。有时是伪造神迹,但这个方法能够欺骗人民,却不能欺骗管理人民的人;有时是赶在候选人有时间玩弄阴谋诡计之前突然召集大会;有时是当他们发现被拉拢的人民准备做出错误的选择时,就把整个会议时间都用在谈论上。但是最终野心避开了一切,而且令人难以置信的是,正是在如此多的弊端之中,庞大的罗马人民借助其古代的法规,并没有停止选举行政官、通过法律、审判案件、处理个人和公共事务,并且做起这些事来几乎是与元老院亲自做一样的信手拈来。

---

1 指选票的保管、分发与收集。——原注

第五章　论保民官制

　　当人们无法在国家的各组成部分之间建立一个精确的比例之时，或者当一些无法消除的原因不停地改变它们之间的比例之时，一种特殊的行政职位得以创建：它并不与其他的行政职位合为一体，它将每个比例项重新置于它的真正的比例之中，或是在君主和人民之间、或是在君主和主权者之间、或是必要时同时为这两方建立联系，抑或是形成它们的比例中项。

　　这个我称之为"保民官"的组织，是法律和立法权的维护者。有时，它如同罗马人民的保民官那样被用来保护主权者以对抗政府；有时，它如同目前威尼斯十人议会那样被用来支持政府以对抗人民；有时，它又如同斯巴达的监察官那样被用来维持一方与另一方之间的平衡。

　　保民官机构绝不是城邦的组织部分，不应当拥有任何立法权或执行权，但是正因为如此，它的权力更大：因为尽管它自身什么事都不能做，但它可以阻止一切事。作为法律的捍卫者，它比执行法律的君主和制定法律的主权者更加神圣、更加受人尊敬。在罗马，人们清楚地看到，那些自命不凡的、一贯蔑视全体人民的贵族被迫在一个既没有占卜权，又没有司法权的普通人民官面前折腰。

保民官机构若是节制得当，便是一个好政体的坚强后盾。但是，只要它的力量稍微过大一点，它就会倾覆一切：至于软弱，那不是它天生具备的东西，一旦成了气候，它便永远不会安分守己……

保民官机构仅仅是执行权的缓冲器，当它篡夺了执行权，并且想要处置它本来只应当予以保护的法律之时，它便蜕化成为专制机构。斯巴达的监察官拥有巨大的权力，但只要斯巴达保持它的习俗，便没有什么危险；一旦腐败开始，监察官的这种权力便会加速斯巴达的堕落。阿基斯[1]被这些暴君所害，他的继任者为他报了血仇：监察官的罪与罚同样加速了共和国的灭亡，并且，在克里奥门尼斯[2]之后，斯巴达便一无是处了。罗马走上了与其相同的灭亡之路，保民官一步步篡夺的过多的权力，在为自由而制定的法律的帮助之下，最终成为摧毁自由的帝皇的捍卫者。至于威尼斯的十人议会，则是一个对贵族和人民来说都同样恐怖的血腥的法庭，它远远没有为法律提供高度的保护，反而是在法律遭遇贬值之后，只被用来暗中对其进行一些人们不敢正视的破坏。

保民官机构如同政府一样，因其人员的增多而弱化。罗马人民的保民官一开始是两个，之后变成五个，当他们想要将这个

1　阿基斯（Agis），这里指斯巴达国王阿基斯四世（前244—前241在位），因为试图恢复古代利库尔戈斯的制度，被监察官委员会处死。

2　克里奥门尼斯（Cléomène），这里指斯巴达国王克里奥门尼斯三世（前236—前221在位），他推进前任阿基斯的改革，同样试图恢复利库尔戈斯的制度，并且剥夺了监察官的权力。

数字翻倍时,元老院任其行为,确信能够让他们彼此牵制,这种情况果然发生了。

为了预防这一令人生畏的组织的篡权行为,最好的方法是将这个组织变成非常设机构,规定一些间隔期,在这些间隔期内取消该组织。这个方法至今还没有一个政府发现过。但间隔期不能太长,以免让政府的滥用职权获得巩固的时间。可以通过法律来确定这些间隔期,以便在必要时能够轻易地通过特别授权缩短。

我认为这种方法没有任何不便之处,因为正如我之前所说,保民官机构不是政体的组成部分,可以对它加以取缔而不对政体造成损害。我认为这种方法很有效,因为新上任的行政官并不是从他的前任那里获得权力,而是由法律授予他权力。

第六章　论独裁制

　　法律的刚性决定了它不能因事件而变通,因此,在某些情况下,这种刚性反而会令法律变得有害,并且可能在国家处于危机之时,造成国家的灭亡。形式上的程序和拖沓需要一段时间,但有时形势却又不容片刻之缓。可能发生千百种立法者根本没有设想到的情况,而意识到人不能预测一切是一种十分必要的先见之明。

　　因此,不应当意图过度地加强政治制度,以至于丧失自身中止其运行的能力。斯巴达本身也曾经让它的法律休眠过。

　　但是只有最严重的危险才能与破坏公共秩序的危险抗衡,我们永远都只应当在需要挽救国家的时候才停止法律神圣的权力。在这些罕见但明显的情况下,可以通过特别法令将维护公共安全的职能交给最合适的人,从而使得公共安全得以保证。根据危险的种类,这项授权可以通过两种方式给予。

　　若是只要提高政府的积极性就可以解除危险的话,我们可以将这些危险集中交给一两个政府成员处理,从而改变的就不是法律的权威,而仅仅是法律的执行形式。假设危险特别严重,以至于法律反而成为令自身免受危险的障碍,此时就要任命一

154

个最高首领来让一切法律静默，让主权暂停行使一段时间。在这种情况下，普遍意志依然不容置疑，显然人民的第一意愿是国家不要灭亡。通过这种方式中止立法权威绝不意味着取缔它，令立法权威静默的行政官并不能让它说话，他居于立法权威之上却不能代表它；他什么都可以做，但不可以制定法律。

当罗马元老院为了挽救共和国采用约定俗成的方法改换执政官时，就是用的这第一种方法；当两个执行官之一任命一个独裁者[1]时，用的则是第二种方法，阿尔巴[2]曾经为罗马提供了这样的例证。

在共和国初始时期，人们十分频繁地采用独裁的方式，因为国家的基础还不稳定，无法单单凭借自己的政体力量支撑下去。此时，习俗使得很多预防措施变得多余，虽然这些在另一时期十分必要。人们既不担心独裁者滥用他的权力，也不担心他企图在任期满后继续把持权力。相反地，对那个被赋予这种权力的人来说，这样庞大的权力是种重负，他是如此地急于卸下它，就好像为法律代职是种太过繁重而危险的差事！

因此，我之所以指责建国初期设置这种最高行政官职位的不谨慎做法，不是因为滥用权力的危险，而是因为权力贬值的危险。因为当人们将它滥用在选举、祝圣，以及一些纯粹的形式问题上时，就必须要担心它在需要时不够令人生畏，而人们也会因为这个职位仅被用于无意义的礼仪之上而习惯于将它视作一个

1　这种任命在夜间秘密地进行，就仿佛是人们耻于将一个人置于法律之上。——原注

2　阿尔巴（Alba Longa），意大利古城，位于罗马东南二十公里处。

徒有其表的虚名。

到了共和国末期,罗马人变得更加慎重,他们吝于使用独裁制,正如他们之前不吝于使用独裁制一样几乎毫无理由。我们很容易就能发现,他们的恐惧没有依据。在对抗首都内的行政官时,首都的衰弱反而保障了它的安全;而一个独裁者在某些情况下能够保卫公共自由且永远不会侵犯它;罗马的枷锁不是在罗马内部铸就的,而是在它的军队之中铸就的:马里乌斯对苏拉[1]、庞贝[2]对恺撒几乎都没有抵抗,这些清楚地表明了我们可以从内部权力对外部力量的抵抗中期待什么样的结果。

这个谬误让罗马人犯下了一些大错。比如,在喀提林[3]事件中没有任命一个独裁者,因为当时的问题在于城市内部,至多也只是涉及几个意大利的省份。若是有了法律赋予独裁者的无限权力,他便可以轻易地破除阴谋。事实上,这次谋叛仅仅是因为一些机缘巧合才得以平息,而这样的机缘巧合是人类的明智所永远不应当期待获得的。

元老院并没有这么做,而是满足于将它的所有权力托付给执政官,从而发生了西塞罗为了行事效率,不得不在一个关键问题上越权的事情。如果说人民最初的狂喜表达了对其行为的认可,那么之后他们则是公正地跟西塞罗算账,因为他对法律的违

1　苏拉(Sylla 或 Sulla,前138—前78),罗马统帅、政治家、独裁者。在与马里乌斯的内战中击败了后者,依靠军队建立了独裁统治。

2　庞贝(Pompée,前106—前48),罗马将军、政治家。庞贝与恺撒、克拉苏被称为罗马前三巨头,恺撒的女儿嫁与庞贝为妻。克拉苏死后,庞贝在元老院支持下成为唯一的执政官,公元前48年被恺撒打败。

3　喀提林(Catilina,前108—前62),罗马贵族,多次参选执政官失败,发动政变,被西塞罗识破并挫败。

背让公民流了血。但换作是独裁者就不会受到这样的谴责。然而这个执政官的雄辩术驱动了一切，他自己虽然是罗马人，比之爱祖国，他更爱荣誉，因此他并没有尽力去寻求挽救国家最合法、最稳妥的方法，而是寻求获得该事件所有荣誉的方法。[1]因此，他被尊为罗马的解放者是公平的，他作为法律的破坏者被惩罚也是公平的。尽管对他的召回十分引人注目，但可以肯定的是，这是对他的一种特赦。

此外，无论这种重大的授权通过什么方式给予，重要的是为这个授权规定一个极短的期限，并且这个期限永远都不能延长；在使这种授权得以确立的危机期间，国家很快不是被毁就是得救，在迫切的需要消失之后，独裁不是变成暴政就是归于无效。在罗马，独裁者的任职期限只有六个月，并且大多数都是没到六个月就让位了。如果这个期限太长，那么他们可能就会试图将其进一步延长，正如十人执政官曾经将任期延长一年那样。独裁者因形势需要被选出，因此他只有时间去满足这种需要，而没有时间去考虑其他的计划。

1　这一点是他在提名独裁者的时候无法自我保证的，因为他不敢提名让自己做独裁者，也不能确保他的同僚会提自己的名。

第七章　论监察官制

正如普遍意志由法律宣告一样，公共评判由监察官宣告。公共舆论是一种法律，监察官是它的执行者，他效仿君主，只是将这种法律适用于特殊情况。

因此，监察法庭远非人民舆论的裁判者，它只是人民舆论的宣告者，一旦它偏离了这个角色，它做出的决定便是没有意义的、无效的。

将人民的习俗和他们器重的对象区分开来是没有意义的，因为这一切都遵从同一个原则，并且必然彼此混同。在世界上所有的人民中，决定他们喜好的选择的不是天性，而是舆论。矫正人类的舆论吧，他们的习俗便会自发地得到净化。人们总是喜欢美好的东西或是他们认为美好的东西，但是他们正是在这种美的评判上发生了错误，因此，问题在于对这种评判做出修正。评断习俗的人也对荣誉做出评判，而评判荣誉的人采用的是舆论法则。

人民的舆论产生于它的政体，尽管法律并不规范习俗，但是立法使习俗得以形成。当立法衰弱，习俗也会蜕化，但此时法律所力不能逮之事，监察官的评判也是无能为力的。

由此可见，监察官机构可能对于保存习俗是有用的，但它永远无法重建习俗。在法律强健的时候设立监察官机构吧，一旦法律失去活力，一切都毫无希望了；当法律失去效力时，一切合法的东西都不再具有效力。

监察官机构通过以下方法来维持习俗：阻止舆论腐败；通过一些英明的应用来维持舆论的公正，有时甚至当舆论还没有成形时将它们确定下来。在决斗中使用助手的做法曾经在法兰西王国中达到疯狂的地步，但是国王一道诏书中的这几个字就废止了它："那些怯懦地呼唤助手的人"。这个判断在公众评判之前作出，因此一下子就决定了公众的评判。但是，当同样的诏书想要宣称决斗也是一种怯懦行为时，虽然事实确是如此，但是它与公众舆论相悖，因此公众会嘲笑这个决定，因为他们对决斗的评判已然形成。

我在别的地方[1]说过，公共舆论绝不受束缚。因此，在为了反映舆论而设立的监察法庭上也不应当有任何束缚的痕迹。我们只能无尽地赞叹罗马人运用这种力量的绝妙技巧，这种力量在现代人这里已经完全消失了，而在拉栖第梦人[2]那里却被运用得更好。

一个道德败坏的人在斯巴达的议会上发表了一个好的意见，监察官对此不予考虑，但是他们却让一个道德高尚的人提出同样的意见。虽然他们没有对这两者中的任何一个加以褒奖或

1　在这一章中我只是提及一下，我在《致达朗贝尔的信》中有更加详细的论述。——原注

2　即斯巴达人。

贬斥,但这对其中一人来说是多大的荣誉,而对另一人来说又是多大的羞辱啊! 几个萨莫岛的酒鬼弄脏了监察官的法庭,第二天公告宣布允许萨莫岛人[1]做无赖。即便是真正的惩罚也没有这样的不受处罚更严厉。当斯巴达已经对诚实或非诚实作出宣判时,希腊接受它的评判。

---

1 他们是属于另一个岛的人,由于我们的用语的精妙,所以不能在这里说出该岛的名字。——原注

卢梭的这个典故来自普鲁塔克的《拉栖第梦人名言录》,在普鲁塔克讲述的故事中,这些人是希俄斯人,希腊另一个岛屿上的人。卢梭没有用该岛的名字,是为了避免用声名狼藉的词,以免对主题的严肃性造成损害。

第八章　论公民宗教

　　人类一开始只有神灵，没有国王；只有神权，没有政府。他们采用卡利古拉的理性思考，当时他们的推理是正确的。需要经历情感和观念的漫长演变，人类才下定决心将他们的同类视作主人，并且自诩这个决定相当不错。

　　正因为人们将神灵置于政治社会之首，因此有多少个民族，就有多少个神灵。两个彼此之间陌生、几乎一直敌对的民族不可能长时间地认可同一个主人；两支彼此开战的军队不可能服从同一个首领。因此，从民族的分化中产生了多神论，由此又产生了神学和政治上的不宽容，这两种不宽容本质上是一样的，这点我们之后会谈到。

　　希腊人幻想从野蛮民族那里寻回他们的神，那是因为他们在幻想中将自己视作是这些民族的自然的主权者。但是我们如今以不同民族的神的同一为基础的博学是可笑的；就仿佛摩洛[1]、萨图恩和克洛诺斯[2]可能是同一个神，腓尼基人的巴

1　摩洛（Moloch），《圣经》中的人物，古代迦南人所拜祭的神灵。

2　克洛诺斯（Chronos），希腊神话中天神乌拉诺斯的二儿子，是二代众神之王。他的三个儿子分别为天神宙斯、海神波塞冬和冥王哈迪斯。根据各民族（转下页）

力[1]、希腊人的宙斯和拉丁人的朱庇特也可能是同一个神，而名字不同的虚幻的存在可能拥有某些共同之处似的。

假如有人问，在异教时期，每个国家都有自己的信仰和神灵，为何却完全没有宗教战争呢？我的回答是：正是因为每个国家都有自己的信仰和政府，所以根本不将神灵和法律区分开来。政治战争也是神学战争，可以说，神的权限由各民族的疆界确定。一个民族的神对于其他民族没有任何权利。异教徒的神也绝不是善妒的神，他们之间瓜分了世界的统治权。摩西本人和希伯来人谈到以色列的神的时候，有时也是赞同这个观点的。诚然，他们认为迦南人的神是无效的，这个被流放的民族注定要毁灭，而他们应当占据这个民族的地方。但是，看看他们是如何谈论他们被禁止攻打的相邻民族的神灵的！耶弗他[2]对亚扪人说："占有属于你们的神基抹的所有东西，难道不是合法应该的吗？我们以同样的名义占有我们胜利的神所获得的土地。"[3]我认为，这表明他们承认基抹的权利和以色列神的权利是相等的。

（接上页）神灵同一的理论，罗马神话中的萨图恩相当于希腊神话中的克洛诺斯，因此萨图恩的三个儿子朱庇特、尼普顿、普路托也相当于克洛诺斯的三个儿子宙斯、波塞冬和哈迪斯。

1 巴力（Baal），类似"主"的意思，是迦南宗教里东地中海沿岸来范特地区西北闪族城市男保护神的头衔，巴力往往用作雨神、风暴神、丰收神以及天主哈大德的头衔。

2 耶弗他（Jephté），《圣经》中所记载的以色列士师，曾率领基列人打败了强大的亚扪人。

3 Nonne ea quoe possidet Chamos deus tuus tibi jure debentur? 这是拉丁文《圣经》的原文。伽利埃尔（Carrieres）神甫将它译为："你们难道不认为有权占有属于你们的神基抹的东西吗！"我不知道希伯来原文的力度，但是我看到在拉丁文《圣经》中，耶弗他积极地承认了基抹的权利，而法国的译者因添加了拉丁文中所没有的"在你们看来（selon vous）"而弱化了这种认可。——原注但是，当犹太人执意只承认他们自己的神的时候（他们先是服从巴比伦国王，之后又服从叙利亚国王），征服者将他们的这种拒绝视为反叛，从而导致他们遭受迫害，正如史书中记载的那样。除此之外，在基督教产生之前还不曾出现过其他类似的事例。[1]

因此，每种宗教都仅依附于对它作出规定的国家法律。除了让一族人民臣服之外，没有其他可以让他们皈依的方法；除了征服者之外，也没有其他的传教士；而由于改变信仰的义务是被征服者的法则，因此应当在游说他们皈依之前先征服他们。人类远远不是为了神灵而战，正如《荷马史诗》中所记载的那样，是神灵为人类而战；每一方都要求自己的神灵庇佑他们的胜利，然后筑建新的祭坛作为回报。罗马人在占据一个地方之前，会催告该地的神退位。他们之所以将塔兰托人[2]愤怒的神留给塔兰托人，是因为当时他们认为这些神已经臣服于他们的神，不得不向他们致敬。他们将自己的神留给被征服者，就如同将自己的法律留给被征服者。他们唯一征收的供品通常是向卡皮托利山[3]的朱庇特献上一顶王冠。

最终，随着帝国的扩展，罗马人也将他们的信仰和神灵扩散到各地，并且他们通常也会赋予某些被征服者公民权，从而自己也接受了这些被征服者的信仰和神灵。这个辽阔帝国中的各

1　很显然，被称为圣战的福西亚人的战争，绝不是一场宗教战争。它的目的是惩罚那些亵渎神灵的人，而不是令异教徒臣服。——原注

2　塔兰托（意大利语为 Taranto），意大利东南部城市，古代为希腊人的殖民地，公元前4世纪达到鼎盛时期，后臣服于罗马。

3　罗马神话中主神朱庇特的神殿所在地。

个民族不知不觉就拥有了大量的神灵和信仰，而且几乎处处都这样。这就是为何最终异教成为人们所知道的世界上唯一的宗教。

正是在这样的形势下，耶稣来到世间建立了一个精神王国，将神学体系和政治体系分离开来，使得国家不再是一个统一体，从而造成了内部的分裂，一直不断地将基督教的人民闹得动荡不安。然而，这个关于另一世界的王国的新观念从来都不曾为异教徒所接受，他们一直将基督徒视作是真正的反叛者，认为他们的顺从是虚伪的，他们实际上一心寻求时机获得独立、成为主人，并且巧妙地篡夺他们在虚弱时假装尊重的权威。这就是基督徒遭受迫害的原因。

异教徒担心的事情发生了：一切都改变了面貌，谦卑的基督徒改变了他们的语言，很快，人们发现这个所谓的另一个世界的王国，在一个可见的首领的领导下，成为这个世界最狂暴的专制。然而，由于君主和世俗的法律一直存在，从这种双重权威中便产生了恒久的管辖权的冲突，从而使得任何良好的政治在基督教国家都成为不可能，人们永远都不知道他们的义务是服从主人还是服从神职人员。

然而，即便是在欧洲，或是与其相邻的地区，也有多国人民都想要保留或恢复旧体系，但是却没有成功；基督教的精神席卷了一切。神圣的信仰始终是，或者重新变得独立于主权者，与国家共同体之间不存在必要的联系。穆罕默德的想法很英明，他将他的政治体系与宗教结合得很好，只要他的政府形式在他的继任者哈里发的统治下继续存在，那么这个政府就完完全全是一个整体,这一点很好。但是,阿拉伯人兴旺起来,变得有学问、讲礼仪、怠惰而怯懦,从而被野蛮人所征服。此时,两种权力之间的分裂重新开始,尽管这种分裂在回教徒中不如在基督教徒中明显,但它还是存在的,尤其是在阿里教派[1]里,在一些国家,比如波斯,这种分裂一直都显而易见。

在我们之中,英国的国王同时担任教会的领袖,沙皇也是这么做的。但是,这个头衔与其说是让他们成为教会的主人,还不如说是让他们成为它的使者;他们得到的不是改变教会的权力,而是维持教会的权力;他们不是教会的立法者,而是教会的君主。只要是教士形成共同体[2]的地方,教士就会成为他的地盘的主人和立法者。因此,在英国和俄国正如在其他地方那样,存在两种权力,两个主权者。

在所有的基督徒作者中,哲学家霍布斯是唯一看出弊端和补救方法的人。他敢于建议将雄鹰的两个头合二为一,将一切都导入政治统一体中,没有政治的统一,就永远没有建构良好的国家和政府。但是,他本应该看到,基督教的主导精神与他的体系不相容,教士的利益始终凌驾于国家利益之上。他的政治学之所以让人憎恶,不是因为其中可怕而错误的论点,而是因为其

---

1 阿里(Ali,600—661),先知穆罕默德的女婿,第四代哈里发。伊斯兰教发生分裂时,形成两大派别,支持阿里的一派形成什叶派,穆斯林主体发展为逊尼派。

2 必须清楚地指出,将神职人员结合成一个共同体的,并不是法国那种形式上的集会,而是教会的领圣餐。圣餐与开除教籍形成了神职人员的社会契约,有了这个契约,神职人员就永远都是人民和国王的主人。所有联系到一起的神职人员都是同胞,即便他们来自世界的两端。这一发明是政治上的一项杰作。在异教教士中没有类似的做法,因此,他们从来不曾形成过教士的共同体。 ——原注

中公正而真实的论点。[1]

我认为，从这个角度来阐明历史事实，可以轻易地驳斥贝勒[2]和华伯登的两种相互对立的观念。他们一个声称没有一种宗教对政治体有益；另一个则恰恰相反，主张基督教是政治体坚强的后盾。我们要向前者证明，没有一个国家的建立不是以宗教为基础的；而对于后者，我们则要证明，基督教的法律在本质上对于国家政体的强大是有害而无益的。为了让大家最终理解我的观点，只需要对与我的主题相关的太过模糊的宗教观念稍加澄清就可以了。

相对于可以分为普遍社会和特殊社会的社会而言，宗教也可以分成两种，亦即人的宗教和公民的宗教。人的宗教没有庙堂、祭坛和仪式，只限于对最高上帝的纯粹的内心信仰和对道德的永恒义务，它完全是福音宗教，是真正的有神论，我们可以称之为自然神权。而公民的宗教，是在某一个国家登记的宗教，它规定自己的神灵，有自己特定的守护神，有自己的教条、仪式、法定的外在信仰；除了唯一信奉它的国家之外，对它来说，一切都是不忠的、不相干的、野蛮的；它将人的权利和义务只延伸到祭坛所及范围。早期人民的宗教都是这样的，我们可以称之为公民神权或人为神权。

还存在第三种更为奇怪的宗教，它赋予人两种立法、两个首

---

1 请看其中格劳秀斯在1643年4月11日致其兄弟的信，就可以发现这个睿智的人在《公民论》中赞成和谴责的是什么了。确实，格劳秀斯倾向于宽容的态度，他似乎因为支持该书的弊端而原谅了作者的优点，但不是所有的人都这样宽大的。——原注

2 贝勒（Pierre Bayle, 1647—1706），法国哲学家、历史评论家，17世纪下半叶最有影响力的怀疑论者。代表作《历史和批评辞典》等。

领、两个祖国,让人服从互相矛盾的义务,令他们不能既是虔信者又是公民。喇嘛教就是这样的,日本的宗教也是如此,罗马的基督教亦是如此。我们可以将这种宗教称为教士宗教。从这种宗教中产生了一种难以名状的混合的、反社会的权利。

若是从政治上对这三种宗教进行考察的话,它们都各有缺陷。第三种宗教的坏处如此明显,从而对此进行阐述简直是浪费休闲时间。任何破坏社会统一的事物都一文不值;任何让人与自身作对的制度也都一文不值。

第二种宗教将对神灵的信仰与对法律的热爱结合在一起,这一点是好的。它使祖国成为公民热爱的对象,它告诉公民,服务于国家就是服务于保护神。这是一种神权政治,在这种政治中,除了君主之外不应当有其他的教主,除了行政官之外不应当有其他的教士。因此,为国捐躯就是殉教,违背法律就是亵渎宗教,让罪犯接受公众的诅咒,就是让他接受神灵的泄愤: **该死**。

这种宗教的坏处在于它建立在错误和谎言的基础之上,它欺骗人们,将他们变得轻信而迷信,将对神的真正的信仰淹没在毫无意义的仪式之中。这种宗教的坏处还在于,在自身变得排他、专制的同时,它将人民变得嗜血而褊狭,以至于它只能表现为谋杀和大屠杀,并且认为杀死任何一个不接受它的神灵的人都是一种神圣的行为。这就将它的人民置于与其他人民的自然的战争状态中,这对它自身的安全也是有害的。

因此,只剩下人的宗教或者说是基督教了,但不是我们今天的基督教,而是福音基督教,这两者是完全不同的。由于有了这种神圣、崇高、真正的宗教,人类作为同一个上帝的孩子彼此互认为兄弟，而将他们结合起来的社会即便是灭亡也不会解体。

但是，这种宗教与政治体没有任何特殊的联系，它留给法律源于自身的唯一力量，并不为它添加任何其他力量，从而特殊社会最重要的一种联系依然毫无作用。此外，这种宗教远远没有将公民的心与国家相系，反而使公民的心远离国家，同时也远离世界上所有的事物：我不知道还有什么比这种宗教更加背离社会精神的。

有人告诉我们说，真正的基督教人民形成了我们所无法想象的最完美的社会。我认为这个假设十分牵强，因为一个真正的基督徒的社会不再是一个人的社会。

我甚至认为，这个想象中的社会尽管十分完美，但它既不是最强盛的，也不是最持久的：由于太完美，这样的社会缺乏联系，它那具有毁灭性的缺陷，正是存在于它的完美之中。

每个人都尽其本分：人民服从法律，首领公正节制，行政官正直廉洁，士兵蔑视死亡，没有虚荣和奢侈的存在，这一切都十分美好，但是让我们看得更加长远些。

基督教是一种纯粹的精神宗教，它只关注天堂的事物：基督徒的祖国不属于这个世界。基督徒确实也履行他的职责，但是他在履行职责时，对其关照之事成功与否极其漠不关心，只要做到自觉无可指摘，这个世界的一切是好是坏，对他来说都无所谓。即便国家兴旺，他也不太敢享受公共幸福，他担心自己会因为国家的辉煌而自傲；如果国家衰败，他会感恩上帝那只压迫其人民的手。

为了社会的和平、和谐得以维续，所有的公民毫无例外地必须都是好的基督徒。但是，如果不幸有一个野心家，有一个伪君子，比如一个喀提林，一个克伦威尔，这个人很容易就会凌驾于他的虔诚的同胞之上。基督的爱德不允许人轻易地将他的邻人想成坏人。一旦这个人狡猾地找到了欺骗他们，并且攫取一部分公共权威的手段，他便俨然一副庄严的模样，上帝要大家尊敬他；很快他就成了当权者，上帝要大家服从他。若是权力的受托人滥用权力呢？那么这种权力就成了上帝惩罚他的孩子的鞭子。人们意识到要驱逐篡位者，但这必然要扰乱公共安宁，使用暴力、流血牺牲，而这与基督徒的仁慈是完全不相符的。不管怎样，在这个尘世之间是自由还是被奴役又有什么关系呢？关键是要飞升天堂，而顺从只不过是又一种达到这个目的的方法罢了。

如果发生对外战争呢？公民诚心诚意地奔赴战斗，他们之中没有人想要逃跑；他们履行自己的职责，但是对于胜利没有激情：他们更懂得的是战死沙场而非战胜敌人。他们是战胜方还是战败方，又有什么关系呢？难道天意不比他们更加懂得他们该怎么样吗？让我们想象一下，一个勇猛、狂热、斗志昂扬的敌人将从他们的淡泊中得到多大的利益啊！如果让他们与这些对祖国和荣誉充满热爱之情的骁勇的人民作战，假设让你们的基督教共和国与斯巴达或罗马共和国作战，那么虔诚的基督徒还没来得及反应过来就会被彻底击溃，一败涂地，或者死里逃生，只因为敌人对他们的不屑一顾。我认为费边[1]麾下的士兵发

1　费边（Fabius Maximus Verrucosus，约前275—前203），又译作"法比乌斯"，罗马政治家、军事家，五度当选为执政官，两次出任独裁官，并且担任过监察官。

下的誓言十分高尚，他们并没有发誓战死或是战胜，他们发誓要凯旋，他们兑现了誓言。基督徒永远都不会立下同样的誓言，他们会认为这是一种试探上帝的冒险。

但是，当我说"一个基督教共和国"的时候，我说错了，"基督教"和"共和国"这两个词是相互排斥的。基督教只宣扬奴役和依附，它的精神太有利于专制了，以至于它不可能不总是遭到暴政的利用。真正的基督徒生来就是做奴隶的，他们也知道这一点，但对此无动于衷。尘世间这段短暂的生命在他们眼里太没有价值了。

有人告诉我们，基督教的军队是杰出的。我不这样认为。请告诉我哪里有这样的军队？我根本不知道有基督教军队。有人给我举了十字军的例子。姑且不论十字军的英勇，我要指出的是，他们远非基督徒，而是教士的士兵，是教会的公民，他们是为了他们的精神国度而战，但不知怎么的，他们将这个精神国度变成世俗的了。正确的理解应当是将它归于异教之中，福音书并没有确立一种国家宗教，因此任何圣战在基督徒之中都是不可能的。

在异教帝皇统治下的基督徒士兵是勇敢的，所有的基督教作者都确认了这一点，我也这么认为。这是一种对抗异教军队的荣誉竞争心。一旦帝皇变成基督徒，这种竞争心就不复存在，当十字架驱走了雄鹰[1]，罗马的骁勇也不复存在。

让我们先把政治方面的论述放一边，回到权利的问题上，确

---

1 雄鹰是勇敢自由的象征，是罗马主神朱庇特的坐骑，也是罗马军队军旗上的旗徽。这里意指基督教成为国教，替代了其他一切宗教。

定这个重要问题上的原则。正如我之前所说,社会契约赋予主权者对于臣民的权利根本不能超越公益[1]的界限。因此,只有当臣民的意见与共同体相关的时候才应当向主权者汇报。但是,每个公民应当信奉一种让他热爱自己的职责的宗教,这一点对国家来说很重要。但是这种宗教的教条只有在涉及道德、涉及信奉这个宗教的人必须对他人履行的职责的情况下才与国家和其成员相关。此外每个人都可以拥有各自喜欢的意见,不需要主权者知晓。因为既然在另一个世界没有管辖权,那么只要臣民今生是好公民就行了,至于他们来世的命运如何,就不关他的事了。

因此,存在一种纯粹公民的信仰自白,由主权者来决定它的条款,但这些条款并不完全像宗教信条那般,而是如同社交感情那样。没有这些条款,一个人就不可能成为好公民,也不可能成为忠实的臣民。[2]主权者虽然不能强迫任何人去相信这些条款,但是他可以将任何不相信这些条款的人逐出国境。他将这些人驱逐出境不是因为他们不信教,而是因为他们与社会不合,不能真诚地热爱法律和公正,也不能在必要时为了自己的职责而牺牲生命。假如有人在公开承认这些条款之后,其行为却表现

---

1 阿尔让松侯爵说:"在共和国中,每个人在不损害他人的情况下都是完全自由的。"这是不变的界限。没有比这表达得更为正确的了。尽管阿尔让松的这个手稿不为大众所知,我情不自禁地有时要引用它,以向这位卓越而可敬的人致敬,即便到了部长的地位,他依然保持了一颗真正的公民的心灵,对于他自己国家的政府保有正确合理的观点。——原注

2 恺撒为喀提林辩护,试图确立灵魂必亡的信条。加图和西塞罗为了反驳他,并没有在哲理上浪费时间,而是满足于表明恺撒是作为一个坏公民才如此说的,他提出的言论对国家有害。事实上,这就是罗马的元老院应当裁决的事,他们不应当对神学问题作出裁决。——原注

得不相信这些条款，那么他会被处以死刑，因为他犯了最严重的罪：他在法律面前撒了谎。

公民宗教的信条应当简单，数目少，表达精确，无须解释或说明。强大、睿智、慈善、深谋远虑、有求必应的神的存在，来世的生活，好人好报，恶人恶报，社会契约和法律的神圣，这些就是积极的信条。至于消极的信条，我认为只限于一条，那就是不宽容：它属于我们所排斥的信仰。

在我看来，那些将政治的不宽容与神学的不宽容区别开来的人犯了错。这两种不宽容是不可分割的。人们不可能会与该下地狱的人和平共处，爱他们就相当于是恨惩罚他们的上帝。必须要么将他们引回正途，要么对他们进行严刑拷打。只要是接纳神学不宽容的地方，就不可能不产生社会效果[1]，一旦有了效果，即便是在世俗方面，主权者也不再是主权者了，自此神职人员成为真正的主人，国王只是他们的官员。

一旦不再有也不能再有排他性的国家宗教，那么我们就应当宽容所有对其他宗教宽容的宗教，只要它们的信条不违背公民的职责。但是，任何胆敢说"教会之外不得救赎"的人都应当

---

1 比如婚姻，本来是一种会产生社会效果的民事契约，若没有这些效果，甚至连社会都无以为继。因此，假设一个教士最终将批准婚姻契约的权利——在任何不宽容的宗教中他都必然会篡夺的权利——据为己有，那么很明显，在乘机突出教会权威的同时，他使君主的权威归于无效，君主所拥有的臣民，将不过是教士愿意留给他的那些而已。教士根据人们是否拥护这样或那样的教义，接受或摒弃这样或那样的程序，在行事谨慎、立场坚定之时对教士忠心的程度多少，主宰着他们的结婚与否。显然，教士一人掌控了遗产继承、公职、公民甚至国家本身，这样的国家只能由私生子组成，无法得以存续。但是，有人说，我们可以以滥用权力之名起诉他、传审他、发布通谕扣押他的财产。真可悲！教士只要稍微有一点，我不是说勇气，而是说常识，他就会听之任之，他会安静地随你们起诉、传审、发布通谕、扣押财产，最终他还是主人。我认为，当一个人确信可以攫取一切时，让他放弃一部分就称不上是一种巨大的牺牲。——原注

被驱逐出国境,除非国家就是教会,君主就是教主。这样的信条只有在一个神权政府里才是有益的,在任何其他政府中都是有害的。人们之所以说亨利四世[1]信奉罗马宗教,是为了让罗马宗教远离所有正直的人,尤其是任何懂得理性思考的君主。

---

1 亨利四世(1553—1610),法国国王。亨利原为新教徒领袖,为了合法继承王位,他宣布改信天主教,并颁布《南特赦令》,由此结束了三十六年的宗教战争。

第九章 结 论

　　在确立政治权利真正的原则以及试图在此基础上建立国家之后，需要通过国家的对外关系提供支持。这些对外关系包括国际法，通商，战争法和征服，公法，联盟，谈判与缔约等。但是，所有这些对于我短浅的见识来说是个太过宽泛的新的课题，我不得不始终将我的观点限制在力所能及的范围之内。

"译林人文精选"书目